A MÁFIA DOS BOMBARDEIROS

A MÁFIA DOS BOMBARDEIROS

MALCOLM GLADWELL

Título original: *The Bomber Mafia*
Copyright © 2021 por Malcolm Gladwell
Copyright da tradução © 2021 por GMT Editores Ltda.

Publicado mediante acordo com a Little, Brown and Company, Nova York, Nova York, EUA.

Todos os direitos reservados. Nenhuma parte deste livro pode ser utilizada ou reproduzida sob quaisquer meios existentes sem autorização por escrito dos editores.

tradução: Carolina Simmer
preparo de originais: Rafaella Lemos
revisão: Ana Grillo e Juliana Souza
diagramação: Valéria Teixeira
pesquisa de imagens: Toby Greenberg
capa: Gregg Kulick
adaptação de capa: Natali Nabekura
imagens de capa: Yuan Fei Zhu/ EyeEm/Getty Images (fundo azul); Bettmann/Getty Images (avião)
impressão e acabamento: Bartira Gráfica

CIP-BRASIL. CATALOGAÇÃO NA PUBLICAÇÃO
SINDICATO NACIONAL DOS EDITORES DE LIVROS, RJ

G452m

Gladwell, Malcolm, 1963-
A máfia dos bombardeiros / Malcolm Gladwell ; tradução Carolina Simmer. - 1. ed. - Rio de Janeiro : Sextante, 2021.
216 p. ; 21 cm.

Tradução de: The bomber mafia
ISBN 978-65-5564-237-7

1. Guerra Mundial, 1939-1945 – Operações aéreas. 2. Guerra Mundial, 1939-1945 – Japão – Operações aéreas. 3. Guerra Mundial, 1939-1945 – Estados Unidos – Operações aéreas. 4. Aviação militar – Estados Unidos – História – Séc. XX. I. Simmer, Carolina. II. Título.

21-72601   CDD: 940.544973
                CDU: 355.489(73):94(100)"1939/1945"

Meri Gleice Rodrigues de Souza - Bibliotecária - CRB-7/6439

Todos os direitos reservados, no Brasil, por
GMT Editores Ltda.
Rua Voluntários da Pátria, 45 – Gr. 1.404 – Botafogo
22270-000 – Rio de Janeiro – RJ
Tel.: (21) 2538-4100 – Fax: (21) 2286-9244
E-mail: atendimento@sextante.com.br
www.sextante.com.br

Para KMO (e BKMO!)

SUMÁRIO

NOTA DO AUTOR, 9

INTRODUÇÃO
"Isto não está dando certo. Você está fora", 13

PARTE I — O SONHO, 19

CAPÍTULO UM
"O Sr. Norden gostava de passar seu tempo na oficina", 21

CAPÍTULO DOIS
"Criamos o progresso sem nos importar com a tradição", 35

CAPÍTULO TRÊS
"De fato, faltava a ele a conexão da solidariedade humana", 53

CAPÍTULO QUATRO
"O mais convicto dos adeptos convictos", 73

CAPÍTULO CINCO
"O general Hansell estava perplexo", 89

PARTE II — A TENTAÇÃO, 107

NOTA DO AUTOR, 109

CAPÍTULO SEIS
"Seria suicídio, rapazes, suicídio", 113

CAPÍTULO SETE
"Então, se você me adorar, tudo será seu", 133

CAPÍTULO OITO
"Tudo virou cinzas – tudo isso, e isso, e isso", 151

CAPÍTULO NOVE
"Destruição improvisada", 167

CONCLUSÃO
"De repente, a Air House desapareceria. Puf!", 179

AGRADECIMENTOS, 183

NOTAS, 185

NOTA DO AUTOR

Na infância, deitado em sua cama, meu pai escutava os aviões passando lá no alto. Chegando. E depois, perto do amanhecer, voltando para a Alemanha. Ele morava na Inglaterra, em Kent, alguns quilômetros a sudeste de Londres. Meu pai nasceu em 1934, o que significa que tinha 5 anos quando estourou a Segunda Guerra Mundial. Os britânicos chamavam Kent de Corredor das Bombas, porque os aviões militares alemães sobrevoavam o condado em sua rota até Londres.

Naqueles anos, não era incomum que bombardeiros que perdessem algum alvo ou tivessem bombas sobrando simplesmente as despejassem em qualquer lugar pelo caminho na viagem de volta. Um dia, uma dessas caiu no quintal dos meus avós. Ela não explodiu. Apenas ficou lá, meio enterrada no chão – e, para um menino de 5 anos interessado em qualquer coisa mecânica, uma bomba alemã não detonada no quintal seria a experiência mais extraordinária do mundo.

Não que meu pai tenha descrito a situação dessa forma. Ele era matemático. E inglês, o que significa que emoção não era sua língua materna. Na verdade, era mais como o latim ou o francês – algo que você pode estudar e até compreender, mas nunca dominar. Não, a suposição de que uma bomba intacta no quintal de casa seria a experiência mais extraordinária do mundo para um menino de 5 anos foi a *minha* interpretação depois de ouvir essa história do meu pai quando *eu* tinha 5 anos.

Isso foi no final da década de 1960. Nós morávamos na

Inglaterra na época, em Southampton. Ainda havia lembretes das adversidades pelas quais o país tinha passado por todo canto. Se você fosse a Londres, dava para identificar os lugares bombardeados – todos os pontos em que um edifício horroroso de estilo brutalista havia brotado em meio a um quarteirão centenário.

Lá em casa, sempre ouvíamos a Rádio BBC, e naquela época parecia que a maioria das entrevistas era com um velho general, um soldado paraquedista ou algum prisioneiro de guerra. O primeiro conto que escrevi quando garoto foi sobre a ideia de que Hitler na verdade ainda estava vivo e voltaria para atacar a Inglaterra. Eu o enviei para a minha avó em Kent, a que abrigou a bomba não detonada no quintal. Quando minha mãe ficou sabendo, me deu uma bronca: quem tinha vivido a guerra talvez não gostasse de um enredo sobre o retorno de Hitler.

Uma vez, eu e meus irmãos fomos com meu pai a uma praia no canal da Mancha. Juntos, passeamos pelas ruínas de uma antiga fortaleza da Segunda Guerra. Ainda me lembro da empolgação pela possibilidade de encontrarmos velhos cartuchos, balas ou até o esqueleto de algum espião alemão há muito esquecido e levado pela maré.

Acho que nunca abrimos mão das coisas que nos fascinavam na infância. Pelo menos comigo é assim. Sempre brinco que se o livro tem a palavra *espião* no título, eu já li. Um dia, alguns anos atrás, enquanto observava minhas estantes, me dei conta – com certa surpresa – de quantos livros de não ficção sobre guerra eu tenho. Os principais best-sellers históricos, mas também alguns especializados. Autobiografias raras. Textos acadêmicos. E sobre qual aspecto da guerra trata a maioria desses livros? Bombardeios. *Air Power*, de Stephen Budiansky. *Rhetoric and Reality in Air Warfare*, de Tami Davis Biddle.

Decision over Schweinfurt, de Thomas M. Coffey. Prateleiras inteiras cheias dessas histórias.*

Em geral, quando começo a acumular livros desse jeito, é porque quero escrever sobre o assunto. Tenho prateleiras lotadas de obras de psicologia social porque construí minha carreira escrevendo sobre esse tema. Porém nunca escrevi muito sobre guerra – principalmente sobre a Segunda Guerra Mundial ou, para ser mais específico, sobre poder aéreo militar. Só uma coisinha ou outra, aqui e ali.** Por quê? Não sei. Imagino que um freudiano se divertiria com essa pergunta. Mas talvez a resposta mais simples seja que quanto mais um assunto *importa* para você, mais difícil é encontrar uma história sobre ele para contar. Você fica mais exigente. E, assim, chegamos ao livro que você está lendo agora, *A Máfia dos Bombardeiros*. É uma alegria anunciar que encontrei uma história digna da minha obsessão.

Uma última coisa – sobre o uso dessa última palavra, *obsessão*. Este livro foi escrito para saciar minhas obsessões, mas também é uma história sobre as obsessões de outras pessoas, sobre uma das maiores obsessões do século XX. Eu sei, levando em conta os temas sobre os quais escrevi ou que explorei ao longo dos anos, que sempre volto aos obsessivos. Gosto deles. Gosto da ideia de alguém ser capaz de ignorar todos os detalhes e as preocupações do cotidiano para simplesmente se concentrar em uma única coisa – aquilo que se encaixa nos limites da sua imaginação. Às vezes, obsessivos nos guiam por caminhos errados. Eles não conseguem enxergar o quadro mais amplo. Só conseguem servir aos

---

* Eu poderia continuar. Se, por exemplo, você nunca leu *Pearl Harbor: Warning and Decision*, de Roberta Wohlstetter, está perdendo um livro e tanto.

** Explorei o tema do poder aéreo em meu podcast *Revisionist History*, nos episódios "Saigon 1965" e "The Prime Minister and the Prof" (O primeiro-ministro e o professor) e na série de mesmo nome que começa com "The Bomber Mafia", na quinta temporada.

seus próprios interesses limitados. Mas acredito que o progresso, a inovação, a alegria e a beleza não existiriam sem os obsessivos.

Quando estava apurando as informações deste livro, jantei com o homem que, na época, era o chefe do Estado-Maior da Força Aérea americana, David Goldfein. O evento aconteceu na Air House, dentro da base Myer-Henderson Hall, no norte da Virgínia, bem na frente de Washington, que fica do outro lado do rio Potomac – uma grandiosa casa em estilo vitoriano, em uma rua cheia de grandiosas casas em estilo vitoriano onde mora boa parte do alto-comando militar do país. Depois do jantar, o general Goldfein convidou um grupo de amigos e colegas de trabalho – outros oficiais importantes da Força Aérea – para se juntar a nós. Fomos nos sentar no quintal do general, somando cinco pessoas no total. Quase todos tinham sido pilotos militares. Os pais de vários deles tinham sido pilotos militares. Eles eram o equivalente contemporâneo das pessoas sobre as quais você vai ler neste livro. À medida que a noite avançava, comecei a notar uma coisa.

A Air House fica na mesma rua que o aeroporto nacional Ronald Reagan. E mais ou menos a cada 10 minutos, um avião decolava e passava sobre nós. Eles não eram dos mais sofisticados: apenas aeronaves comerciais de passageiros, indo para Chicago, Tampa ou Charlotte. E toda vez que um desses aviões passava lá no alto, o general e seus colegas olhavam para cima, só para dar uma espiadinha. Eles não conseguiam evitar. Obsessivos. Meu tipo de gente.

INTRODUÇÃO

"Isto não está dando certo. Você está fora"

1.

Houve uma época em que o maior aeroporto do mundo ficava no meio do Pacífico ocidental, a cerca de 2.500 quilômetros da costa do Japão, nas ilhas Marianas, um arquipélago de pequenas ilhas tropicais. Guam. Saipan. Tinian. As Marianas são a extremidade sul de uma cadeia de montanhas em sua maior parte submersa – as pontas dos vulcões emergindo das águas profundas do oceano. Durante boa parte da história, as ilhas Marianas pareciam pequenas demais para chamar a atenção ou ter qualquer serventia para o restante do mundo. Até a era do poder aéreo, quando ganharam uma importância enorme de repente.

O arquipélago ficou nas mãos dos japoneses durante grande parte da Segunda Guerra Mundial. Porém, após uma campanha violenta, caiu nas mãos dos militares americanos no verão de 1944. Saipan foi a primeira, em julho. Depois Tinian e Guam, em agosto. Quando os fuzileiros navais desembarcaram, os *Seabees* – que formavam o batalhão de construção da Marinha americana – chegaram junto e começaram a trabalhar.

Em apenas três meses, uma base aérea completa – Isely Field – já estava em pleno funcionamento em Saipan. Depois, na ilha Tinian, foi construído o maior aeroporto do mundo, North Field

– com quatro pistas de 2,5 quilômetros. E em seguida, em Guam, foi erguido o que é hoje a base aérea Andersen, a porta de entrada da Força Aérea americana no Extremo Oriente. E então vieram os aviões.

Na época, Ronald Reagan narrava filmes de guerra, e um deles era dedicado às primeiras missões do B-29, conhecido como "o Superfortaleza". Reagan descreveu o avião como uma das maravilhas do mundo, uma aeronave enorme:

> Com potência de 2.200 cavalos em cada uma das quatro turbinas. Com capacidade de combustível igual à do vagão-tanque de um trem. Uma cauda da altura de um prédio de dois andares. O corpo maior do que uma corveta. Projetado para transportar mais destruição, indo mais alto, mais rápido e mais longe do que qualquer bombardeiro já construído. E, para completar sua missão, era exatamente isso que ele teria que fazer.

O B-29 era capaz de voar mais rápido e mais alto do que qualquer outro bombardeiro e ir muito mais longe, o que era crucial. E esse maior alcance – somado à conquista das ilhas Marianas – significava que, pela primeira vez desde o começo da guerra no Pacífico, a Força Aérea do Exército dos Estados Unidos estava perto o suficiente do Japão para conseguir atacá-lo. Uma unidade especial foi criada para administrar a esquadrilha de aviões militares agora estacionados nas Marianas: o 21º Comando de Bombardeiros, sob a liderança de um jovem e brilhante general chamado Haywood Hansell.

Ao longo do outono e do inverno de 1944, Hansell comandou um ataque atrás do outro. Centenas de B-29s cruzaram as águas do Pacífico, lançando sua carga sobre o Japão e voltando para as Marianas. Enquanto os aviadores de Hansell se preparavam para sobrevoar Tóquio, jornalistas e cinegrafistas pousaram no arquipélago para registrar o clima de animação para o pessoal em casa.

Ronald Reagan de novo:

> Os B-29s em Saipan eram como uma artilharia apontada para o coração do Japão... Para os japas, tentar detê-los seria tão impossível quanto interromper as águas das cataratas do Niágara. O 21º Comando de Bombardeiros estava pronto para atacar o primeiro alvo.

Mas então, no dia 6 de janeiro de 1945, o superior de Hansell, o general Lauris Norstad, chegou às ilhas Marianas. A situação em Guam ainda era bastante rudimentar: o quartel-general não passava de um monte de barracões *quonset* de metal sobre um penhasco com vista para o oceano. Os dois homens deviam estar exaustos não apenas pelas privações do momento, mas também pelo peso da responsabilidade.

Certa vez, li uma passagem escrita pelo general Arthur Harris, da Força Aérea Real, sobre o que significava ser um comandante aéreo na Segunda Guerra Mundial:

> Eu me pergunto se a tensão mental pavorosa de comandar uma grande força aérea durante uma guerra pode ser compreendida por alguém que não esteja entre as poucas pessoas que passaram por essa experiência. Enquanto um comandante naval pode precisar liderar um grande ataque uma ou duas vezes durante toda a guerra e um comandante de infantaria entra em batalha a cada seis meses, mais ou menos, ou mesmo uma vez por mês, em condições

excepcionais, o comandante de uma força de bombardeiros precisa estar completamente comprometido 24 horas por dia... É melhor deixar a cargo da imaginação o peso que tamanha tensão diária tem quando se estende durante anos.

Então Hansell e Norstad estavam em Guam. Dois aviadores da Força Aérea cansados da guerra, encarando o que torciam para ser o capítulo final dos conflitos. Hansell sugeriu darem uma volta rápida: uma olhada na praia. Admirar as pistas novinhas em folha, abertas na selva. Bater um papo sobre táticas, planos. Norstad recusou a oferta. Ele queria discutir uma questão mais pessoal. E, em um momento que Haywood Hansell jamais esqueceria, Norstad se virou para ele: "Isto não está dando certo. Você está fora."

"Eu perdi o chão – fiquei completamente arrasado." Foi assim que, anos depois, Hansell descreveu o que sentiu naquele instante. Então Norstad deu o segundo golpe, ainda mais forte. Ele disse: "Curtis LeMay vai assumir o comando."

General Curtis Emerson LeMay, 38 anos de idade, herói das campanhas de bombardeio sobre a Alemanha. Um dos aviadores mais célebres da sua geração. Hansell o conhecia muito bem. Os dois haviam servido juntos na Europa. E Hansell imediatamente entendeu que não se tratava de uma reestruturação normal. Era uma crítica, uma mudança radical. Como se Washington admitisse que tudo que Hansell estava fazendo agora era considerado errado. Porque Curtis LeMay era o oposto de Haywood Hansell.

Norstad disse que ele poderia continuar lá se quisesse, como auxiliar de LeMay, uma oferta que Hansell achou tão ofensiva que mal conseguiu responder. Norstad lhe deu 10 dias para se preparar para ir embora. Ele ficou vagando pela ilha, atordoado. Na sua última noite em Guam, bebeu um pouco mais do que o habitual e cantou para seus homens enquanto um jovem coronel tocava violão: "Pilotos velhos nunca morrem, nunca morrem, apenas voaaam para longeee."

Curtis LeMay pilotou por conta própria o bombardeiro B-29 que o levou até o arquipélago para a troca de comando. O hino nacional dos Estados Unidos foi tocado. Os pilotos do 21º Comando de Bombardeiros marcharam em revista. Um oficial de relações públicas sugeriu fazer uma fotografia dos dois para registrar o momento. LeMay estava com um cachimbo na boca – ele sempre estava com um cachimbo na boca – e não sabia onde colocá-lo. Ficou tentando guardá-lo no bolso. "General", disse o ajudante, "pode deixar que eu seguro seu cachimbo enquanto tiram a foto."

LeMay perguntou, baixinho: "Onde eu fico?" Os cliques das câmeras capturaram Hansell estreitando os olhos para o horizonte, LeMay olhando para o chão. Dois homens ansiosos para estar longe da companhia um do outro. E, com isso, estava tudo resolvido.

A Máfia dos Bombardeiros é a história desse momento. Dos acontecimentos que levaram a ele e do que ocorreu depois – porque essa mudança de comando reverbera até os dias de hoje.

2.

Uma coisa sempre me intrigou nas revoluções tecnológicas. Uma ideia ou inovação surge, e é óbvio que ela vai virar o mundo de cabeça para baixo. A internet. As redes sociais. Em gerações passadas, foram o telefone e o automóvel. Existe a expectativa de que a nova invenção trará melhorias, tornará as coisas mais eficientes, seguras, lucrativas, rápidas. E elas fazem isso, em certos aspectos. Mas, invariavelmente, tudo acaba desandando também. Uma hora, as redes sociais são aclamadas como a ferramenta que permite que cidadãos comuns derrubem a tirania. Noutra, são temidas como a plataforma que permite que cidadãos comuns tiranizem uns aos outros. O automóvel deveria trazer liberdade e mobilidade, e fez isso por um tempo. Mas então milhões de pessoas acabaram morando a quilômetros de distância do trabalho, ficando presas em engarrafamentos intermináveis, fazendo trajetos épicos todos os dias. Como é que, às vezes, por uma série de motivos inesperados e aleatórios, a tecnologia foge do seu objetivo inicial?

Este livro é um estudo de caso sobre como sonhos dão errado. E sobre como ideias novas e brilhantes que caem do céu não aterrissam suavemente no nosso colo. Elas batem com força no chão e se espatifam. A história que vou contar na verdade não é uma história de guerra. Apesar de se passar principalmente durante uma guerra. Este é um conto sobre um gênio holandês e seu computador caseiro. Sobre uma irmandade no meio do Alabama. Sobre um psicopata britânico. Sobre químicos piromaníacos em um laboratório no porão de Harvard. É uma história sobre a confusão causada pelas nossas intenções, porque sempre nos esquecemos da bagunça quando olhamos as coisas em retrospecto.

E no centro de tudo estão Haywood Hansell e Curtis LeMay, que se enfrentaram na selva de Guam. Um foi enviado para casa. O outro permaneceu lá, e isso resultou na noite mais sombria da Segunda Guerra Mundial. Pense na história deles e reflita: o que você teria feito? De que lado estaria?

PARTE I
O SONHO

CAPÍTULO UM

"O Sr. Norden gostava de passar seu tempo na oficina"

1.

Na época em que a guerra que consumiria o mundo ainda era apenas uma preocupação e não um fato, um homem extraordinário chamou a atenção do Exército americano.

Seu nome era Carl L. Norden. Ao longo de toda a vida, Norden fugiu dos holofotes. Ele trabalhava sozinho – às vezes voltando para a Europa durante períodos cruciais para fazer experimentos e sonhar à mesa da cozinha de sua mãe. Ele construiu uma empresa com centenas de funcionários. Depois, quando a guerra acabou, deixou tudo para trás. Não existem biografias sobre Norden. Não existe nenhuma reportagem sobre sua vida.* Não há estátuas em sua homenagem. Nem na Holanda, onde ele nasceu, nem na Suíça, onde passou a vida, tampouco no centro de Manhattan, onde realizou seu trabalho mais importante. Norden influenciou a trajetória de uma guerra e deu início a um sonho que se perpetuaria pelo restante do século. Parece impossível que alguém tenha deixado uma marca tão grande no mundo, como ele fez, e desaparecido completamente. Mas foi isso que aconteceu. Em um livro técnico de 352 páginas sobre a invenção de

---

* Em 2011, dei uma palestra no TED Talks sobre Norden e sua invenção.

Norden, há uma única frase dedicada a ele: "O Sr. Norden gostava de passar seu tempo na oficina, às vezes permanecendo lá por 18 horas seguidas."

Só isso.

Então, antes de começarmos a falar sobre o sonho de Norden e suas consequências – o efeito que teria sobre toda uma geração –, vamos começar com o homem em si. Perguntei ao professor Stephen L. McFarland, um dos poucos historiadores – talvez o único – que investigou de verdade a história de Carl Norden, por que há tão poucos registros sobre o inventor. O professor respondeu que "o motivo principal é que ele exigia sigilo total". E o descreveu: "Bem, ele tinha o pavio extremamente curto. E o ego maior do que o de qualquer pessoa que eu jamais conheci. E digo 'jamais conheci' porque, é claro, nunca conheci Norden."

Norden era holandês. Ele nasceu na atual Indonésia, que na época era uma colônia holandesa. Depois de passar três anos como aprendiz em uma oficina de máquinas na Suíça, se formou em engenharia no prestigioso Instituto Federal de Tecnologia de Zurique, onde um de seus colegas de classe foi Vladimir Lênin. Norden era elegante, garboso. Vestia ternos de três peças. Mantinha curto o cabelo branco, com um pequeno topete, exibia um bigode farto e tinha olhos com cílios pesados sublinhados com rugas fundas, como se não dormisse havia anos. Seu apelido era Velho Dinamite. Ele bebia galões de café. Vivia à base de filés.

Como McFarland explicou:

> Ele acreditava de verdade, num sentido biológico, que a luz do sol causava burrice. Então só saía de casa com um chapéu enorme. Sua família sempre era obrigada a usar

chapéus ao ar livre. Apesar de ter passado um período da infância nas Índias Orientais Holandesas, ele e a família sempre usavam chapéus porque o sol causava burrice.

McFarland escreveu que Norden "era um leitor ávido de Dickens, buscando revelações sobre como pessoas menos favorecidas viviam, e de Thoreau pelas discussões sobre a vida simples". Ele odiava pagar impostos. E achava que Franklin Roosevelt era o diabo.

A rabugice de Norden foi descrita por McFarland:

> Existe uma história famosa sobre uma vez em que ele estava espiando por cima do ombro de um técnico, e o técnico ficou nervoso e tentou puxar papo, olhando para ele e dizendo: "Talvez o senhor possa nos explicar por que fazemos esta peça dessa maneira." Norden se esgoelou de gritar com ele depois de tirar o charuto da boca, dizendo: "Existem mil motivos para eu ter projetado essa peça desse jeito. E nenhum deles é da sua conta." Era assim que ele tratava os funcionários. O apelido de Velho Dinamite era merecido.

McFarland também explicou o perfeccionismo de Norden:

> O custo não importava – a questão era "Fazer tudo o mais perfeito possível". Sei que engenheiros têm noção do próprio conhecimento e entendem como funcionam as coisas que estão fazendo, mas todos falam sobre a importância de estudar o que foi feito antes. A postura de Norden era "Não quero saber". Ele só se interessava por papéis em branco, um lápis e alguns livros de engenharia com fórmulas para calcular certos problemas matemáticos. Ele realmente

acreditava em começar do zero, e isso revela o tamanho do seu ego. Nas suas palavras: "Não quero saber dos erros que outras pessoas cometeram. Não quero saber dos acertos. Eu vou desenvolver os acertos por conta própria."

O que Carl Norden criava em seus papéis em branco? Uma mira de bombardeio. Ninguém mais usa miras de bombardeio hoje em dia – na era dos radares e do GPS –, porém, durante boa parte do século passado, elas foram importantíssimas. Vou além, porque existe um risco real de eu não conseguir descrever a real importância delas. Se, nos primeiros anos do século XX, você precisasse fazer uma lista dos 10 maiores problemas tecnológicos que deveriam ser solucionados nos 50 anos seguintes, o que colocaria nela? Bem, algumas coisas seriam óbvias. Vacinas eram desesperadamente necessárias para prevenir doenças na infância – sarampo, caxumba. Havia a necessidade de melhores fertilizantes agrícolas para evitar a fome. Uma parte enorme do mundo poderia se tornar mais produtiva com um ar-condicionado conveniente, de preço acessível. Um carro barato o suficiente para uma família da classe trabalhadora. É uma lista grande. Mas, em algum ponto dela, surgiria uma questão militar – isto é, existe alguma maneira de lançar bombas de um avião de forma mais precisa?

Ora, mas por que esse problema apareceria na mesma lista de vacinas, fertilizantes e aparelhos de ar-condicionado? Porque, no começo do século XX, o mundo passou pela Primeira Guerra Mundial, que deixou 37 milhões de mortos e feridos. Trinta e sete milhões. Houve mais de um milhão de baixas na Batalha do Somme, uma única ofensiva que não teve motivo nem impacto aparente no desenrolar do conflito. Para aqueles que passaram por ela, a Primeira Guerra foi uma experiência *profundamente* traumática.

Então o que poderia ser feito? Um pequeno grupo de pessoas chegou à conclusão de que a única solução realista seria mudar a maneira como as Forças Armadas travavam guerras. Aprender a lutar – como se isto não fosse um paradoxo absurdo – guerras *melhores*. E os defensores de guerras melhores eram pilotos. Aviadores. Pessoas obcecadas por uma das conquistas tecnológicas mais recentes e emocionantes daquela era: o avião.

2.

Os aviões fizeram sua primeira grande aparição na Primeira Guerra Mundial. Tenho certeza de que você já viu fotos dessas antigas aeronaves. Madeira compensada, tecido, metal e borracha. Duas asas, uma superior e outra inferior, conectadas por estacas. Um banco. Uma metralhadora apontada para a frente, projetada para atirar pelo propulsor. Pareciam algo que chegava pelo correio para ser montado na garagem de casa. O avião militar mais famoso da Primeira Guerra foi o Sopwith Camel (aquele que o Snoopy pilota na história em quadrinhos). Era só aborrecimento. "Nas mãos de um novato", diz Robert Jackson, escritor especializado em aviação, "exibia as características cruéis de um assassino". No caso, um assassino do piloto que o comandava, não do inimigo sendo atacado. Porém uma nova geração de aviadores olhou para essas arapucas e disse: "Essa é uma ferramenta que poderia acabar com os conflitos terrestres, tão mortais, destrutivos e inúteis. E se só travássemos guerras pelo ar?"

Um desses aviadores era um homem chamado Donald Wilson. Ele serviu na Primeira Guerra Mundial e se lembrava do medo que assolava seus colegas de combate.

Ele recordou em uma entrevista em 1975:

Um camarada se matou e decidiu fazer isso no refeitório. Colocou o cano do rifle na boca e puxou o gatilho. E nas trincheiras outro homem deu um tiro na própria perna. Então essas pessoas devem ter exagerado suas concepções do perigo. Mas acho que, no geral, a maioria de nós simplesmente não se dava conta de onde havia se metido.

Wilson começou a pilotar aviões nos anos 1920 e acabou virando general na Segunda Guerra Mundial. Encontrei uma autobiografia que ele publicou por conta própria na década de 1970. O livro se chama *Wooing Peponi* (A conquista de Peponi), e parece um anuário de escola americana. É uma leitura muito verborrágica. E mais ou menos no meio, Wilson incluiu uma passagem estranhamente cativante sobre a conclusão a que chegou nos seus primeiros anos como piloto: "Então, de repente, uma visão surgiu. Como anos depois, em um contexto completamente diferente, diria Martin Luther King em seu comovente discurso, 'Eu tenho um sonho'."

Ele compara sua visão sobre o potencial da Força Aérea com o momento mais memorável do movimento americano pelos direitos civis. E então também pega emprestado o estilo retórico de Luther King:

> Eu tive um sonho... de que nações lutariam umas contra as outras para ditar termos, não para provar sua superioridade bélica, como a tradição militar insistia. Sonhei que nações importantes, as adversárias mais prováveis, seriam industrializadas e dependentes da operação impecável de elementos organizados e interligados. Sonhei que a nova e futura capacidade aérea poderia destruir um número limitado de alvos dentro dessa rede de pontos conectados da nação moderna.

Sonhei que tal destruição e a possibilidade da sua repetição fariam as vítimas tentarem estabelecer a paz.

De todas as formas, é uma passagem audaciosa. Havia tão poucos pilotos militares nos Estados Unidos naquela época que todos se conheciam. Era como um clube. Um bando de fanáticos. E Wilson sabia que essa panelinha, com suas máquinas voadoras periclitantes, podia reinventar a guerra.

"Sonhei que tal destruição e a possibilidade da sua repetição fariam as vítimas tentarem estabelecer a paz"? Isso significa que ele acreditava que os aviões poderiam vencer guerras sozinhos. As aeronaves dariam rasantes e bombardeariam alvos escolhidos, fazendo o inimigo se render sem a morte de milhões de pessoas nos campos de batalha.

Mas, antes que o sonho pudesse se realizar, os aviadores sabiam que precisavam resolver um problema, um problema técnico muito específico, um problema tão grave que fazia parte da lista dos 10 maiores problemas junto com vacinas e fertilizantes. Se você acreditava, assim como os sonhadores, que o avião poderia revolucionar operações de guerra – que poderia dar rasantes e bombardear alvos escolhidos, fazendo o inimigo se render –, então precisaria encontrar uma forma de acertar esses alvos específicos lá do alto. E ninguém sabia como fazer isso.

Perguntei a Stephen McFarland por que era tão difícil acertar um alvo durante um bombardeio. Segundo ele:

> Acho isso fantástico. Quer dizer, estou partindo do princípio que você assistiu aos vídeos e filmes. E eles dizem: "Coloque o xis em cima do alvo, e a mira faz o resto." Mas existe uma quantidade impressionante de elementos necessários para jogar uma bomba com precisão sobre um

lugar específico. Imagine que você está no seu carro, andando na estrada a 100, 110 quilômetros por hora, e resolve jogar alguma coisa da janela para acertar determinado alvo, que pode ser uma placa, uma árvore, qualquer coisa no acostamento. Dá para ter uma ideia de como isso seria complicado.

Se você quiser jogar uma garrafa de um carro andando a 80 quilômetros por hora, vai precisar fazer uns cálculos de física ali na hora para tentar acertá-la em uma lata de lixo: a lata está parada, mas você e o carro se movem rápido, então é preciso arremessar a garrafa muito antes de chegar perto do alvo. Certo? Porém, se você estiver em um avião a 6 ou 9 mil metros de altitude, o problema se torna infinitamente mais complexo.

McFarland continuou:

> As aeronaves da Segunda Guerra Mundial voavam a 300, 500 quilômetros por hora, às vezes até 800. Elas lançavam bombas de uma altura de 9 mil metros. Isso fazia com que levassem entre 20 e 30, [talvez] 35 segundos para acertar o chão. E durante esse tempo todo você está sendo alvejado. Você precisa enxergar através de nuvens ou... [evitar] artilharia antiaérea. Precisa lidar com alvos falsos, cortinas de fumaça. Há a fumaça de outras bombas, pessoas gritando no seu ouvido, a adrenalina, todas essas coisas esquisitas que acontecem durante uma guerra.

O vento pode estar soprando a 160 quilômetros por hora. Isso deve ser levado em consideração. Se estiver frio, o ar fica mais denso, e a bomba cai mais devagar. Se estiver calor, o ar fica mais rarefeito, e a bomba cai mais rápido. Além disso, você também precisa levar em conta: o avião está reto? Está se movendo de um lado para outro? Ou para cima e para baixo? Um erro minúsculo no lançamento pode se tornar um erro gigantesco no chão. E a 6 mil metros de altura, será que sequer dá para enxergar o alvo? Uma fábrica pode parecer enorme e óbvia de perto, mas de tão alto parece um selo postal. Os bombardeiros, no começo da aviação, não conseguiam acertar nada. Não chegavam nem perto. Se estivessem jogando dardos em um alvo com os olhos fechados, daria na mesma. O sonho de que o avião poderia revolucionar as operações de guerra se baseava em uma suposição enorme, nunca testada nem provada: de que alguém, de algum jeito, em algum momento, descobriria como mirar uma bomba lá no alto do céu com certo grau de precisão. Essa era uma das perguntas que estavam na lista de desejos tecnológicos daquela época. Até... Carl Norden.

McFarland diz que os métodos de criação de Norden eram peculiares:

> Ele não recebia ajuda de ninguém. Fazia tudo sozinho. Tudo ficava na cabeça dele. Não havia anotações. Não havia um caderno. Não dá para ver os arquivos dele, porque eles não existem. As informações ficavam todas na mente dele, e para um homem manter questões tão complexas apenas na mente... O fato de isso ser possível me deixou fascinado. Mas os engenheiros falam sobre "os olhos da mente", descrevendo como visualizam algo com o cérebro, não com os próprios olhos. E esse realmente era o caso de Carl Norden.

Perguntei a McFarland se ele achava que Norden era um gênio. Sua resposta:

Bem, ele diria que apenas Deus inventa; o ser humano descobre. Então, para Norden, aquilo não era uma questão de ser "genial". Ele se recusaria a aceitar esse termo. Não gostaria, não permitiria que o chamassem de gênio. Ele defenderia que era apenas uma pessoa que descobria a grandeza de Deus, as criações de Deus. Que Deus faz revelações por meio daqueles dispostos a trabalhar duro e usar a própria mente para descobrir as verdades divinas.

Norden começou a se dedicar ao problema da mira de bombardeio na década de 1920. Ele foi contratado pela Marinha – mas depois trabalharia para o Corpo Aéreo do Exército, que era o nome da Força Aérea dos Estados Unidos naquela época. Ele montou uma oficina na Lafayette Street, na região de Manhattan que agora é chamada de SoHo. E começou a trabalhar na sua obra-prima.

Quando os Estados Unidos entraram na Segunda Guerra Mundial, os militares trataram de equipar seus bombardeiros com a mira Norden. Na maioria dos casos, esses aviões carregavam uma tripulação de 10 homens: piloto, copiloto, navegador, artilheiros e, mais importante, os oficiais bombardeiros, as pessoas que miravam e soltavam as bombas. Se o bombardeiro não fizesse bem o seu trabalho, então os esforços dos outros nove tripulantes seriam em vão.

Um filme de treinamento militar da época da guerra para oficiais bombardeiros explicava a importância da mira Norden mostrando imagens aéreas de alvos inimigos:

> Um desses pode ser seu alvo. Eles são o motivo para você estar aqui. O motivo para todo o equipamento disponível nesta e em outras escolas de bombardeiros. Para os instru-

tores treinarem você. Para os pilotos transportarem você até a sua missão.

É bem provável que, um dia, alguém nesta sala veja um desses alvos, não projetado na tela, mas sob o xis do seu visor. E onde ela irá cair, a sua bomba?... A 30 metros do alvo? A 1.500 metros? Isso vai depender de quanto você treinar seus dedos e seus olhos para se adequarem à precisão de sua mira Norden.

Seu nome oficial era Mark XV. Os aviadores que a utilizavam lhe deram o apelido de "a bola". Ela pesava 25 quilos. Ficava em um tipo de plataforma – uma caixa estabilizada por um giroscópio – que a mantinha nivelada a todo o momento, mesmo enquanto o avião sacolejava. A mira era basicamente um computador analógico, um dispositivo compacto, muito engenhoso, composto por espelhos, um telescópio, rolamentos, niveladores e botões. Em um avião em movimento, o oficial bombardeiro espiava o alvo pelo telescópio e fazia uma série de ajustes incrivelmente complicados. Norden criou 64 algoritmos que ele acreditava darem conta de todas as variáveis de um bombardeio, por exemplo: como a velocidade e a direção do vento afetam a trajetória de uma bomba? Como a temperatura do ar a afeta? Ou a velocidade da aeronave? O treinamento completo para usar a mira levava seis meses.

Só assistir ao vídeo de treinamento do Exército já daria dor de cabeça em qualquer um. O narrador continua:

Agora veja a linha do fundo. Essa era sua linha de visão quando você começou. Ela vai direto até o alvo. Eu sei: quando estamos no ar, não existe uma linha bonita e convenientemente desenhada no chão para nos ajudar. Mas a sua mira é o equivalente de uma linha. Lembra como ela é feita de duas partes? Embaixo, está o estabilizador. E há outro giroscópio lá dentro, mas com um eixo horizontal. Acima disso fica a sua mira. O estabilizador é posicionado no eixo longitudinal do avião. Mas você pode mover o visor, apontando sempre para o alvo. Ele também é conectado ao estabilizador por hastes. Por meio delas, o giroscópio controla a posição da mira, então não importa quantas guinadas o avião der, a mira sempre apontará para a mesma direção.

Tudo isso só para o oficial bombardeiro saber exatamente quando gritar: "Bombas a caminho!"

McFarland explicou uma das sutilezas do trabalho de Norden:

> Um dos 64 algoritmos de Norden compensava o fato de que, quando você lança uma bomba, ela demora 30 segundos para acertar o alvo. Durante esse tempo, a Terra se move enquanto gira sobre seu próprio eixo.
>
> Então ele criou uma fórmula. Se uma bomba levasse 20 segundos para acertar o alvo, então a Terra se moveria – digamos – 3 metros. Portanto, você teria que ajustar o computador para [o fato de que] o alvo se moveria 3 metros. Quando você estiver a 6 mil metros de altura, podem ser 8 metros. E todos esses dados precisavam ser inseridos nesse computador.

O Exército comprou milhares de miras Norden. Antes de cada missão, o oficial bombardeiro tirava seu aparelho de um cofre acompanhado de uma escolta armada. Ele o carregava até o avião dentro de uma caixa de metal. No caso de um pouso forçado, era orientado a destruir a mira imediatamente, para que não caísse nas mãos dos inimigos. Reza a lenda que esses oficiais recebiam um explosivo de 45 centímetros para realizar essa façanha. E, como uma última precaução, eles precisavam fazer um juramento: "Eu juro solenemente que não violarei o sigilo de toda e qualquer informação confidencial que me foi confiada e, sabendo que sou guardião de um dos recursos mais inestimáveis do meu país, juro ainda proteger o sigilo da mira americana, se necessário, com minha própria vida."

No meio de tanto drama e sigilo estava Carl Norden. O enlouquecedor e excêntrico Norden. Antes de os Estados Unidos entrarem na guerra, enquanto ainda aperfeiçoava sua invenção, ele às vezes saía de Manhattan e voltava para a casa da mãe, em Zurique. McFarland conta que isso deixava os oficiais americanos "fora de si":

> O FBI mandava agentes com ele, para tentar protegê-lo. Supostamente, os britânicos acreditavam que ele era um espião da Alemanha. E [o Exército tinha] medo de que os ingleses tentassem capturá-lo. Mas ele fazia questão de ir. Dizia: "Eu vou para a Suíça. Ninguém pode me impedir." E, é claro, as leis marciais não estavam em vigor, porque os Estados Unidos ainda não tinham entrado na guerra. Então, legalmente, não havia como impedi-lo.

Por que os militares aturavam Norden? Porque sua mira era o Santo Graal.

Norden tinha um sócio chamado Ted Barth. Ele era o vendedor, a imagem pública da empresa. E alegava, um ano antes de os Estados Unidos entrarem na guerra: "Acreditamos que uma área de 4 metros quadrados... não seja um alvo difícil de acertar de uma altitude de 9 mil metros." A versão resumida dessa declaração – que seria a base da lenda de Norden – era que a mira seria capaz de acertar uma bomba em um barril de picles a 9 mil metros de altitude.

Para a primeira geração de pilotos militares, essa alegação era empolgante. O empreendimento mais caro da Segunda Guerra Mundial foi o bombardeiro B-29, o Superfortaleza. O segundo foi o Projeto Manhattan, o esforço enorme, sem precedentes, para inventar e construir a primeira bomba atômica do mundo. Mas o terceiro projeto mais caro da guerra? Não foi uma bomba, não foi um avião, não foi um tanque, não foi uma arma, não foi um navio. Foi a mira Norden, o computador analógico de 25 quilos concebido dentro da imaginação minuciosa de Carl L. Norden. E por que gastar tanto dinheiro com uma mira de bombardeio? Porque a Norden representava um sonho – um dos sonhos mais poderosos da história das guerras: se conseguíssemos acertar barris de picles a 9 mil metros de altitude, não precisaríamos mais de exércitos. Não precisaríamos mais deixar rapazes mortos nos campos de batalha nem arrasar cidades inteiras. Poderíamos reinventar a guerra. Poderíamos torná-la precisa, rápida e quase sem derramamento de sangue. Quase.

CAPÍTULO DOIS

"Criamos o progresso sem nos importar com a tradição"

1.

As revoluções invariavelmente são atividades em grupo. É por isso que Carl Norden era uma anomalia. É raro ver alguém começar uma revolução sozinho, sentado à mesa da cozinha da mãe. O movimento impressionista não começou porque um gênio começou a pintar de determinado jeito e, como o Flautista Encantado, foi atraindo seguidores. Na verdade, Pissarro e Degas se matricularam na École des Beaux-Arts ao mesmo tempo. Depois Pissarro conheceu Monet e, em seguida, Cézanne na Académie Suisse. Manet conheceu Degas no Louvre, e Renoir, por sua vez, conheceu Pissarro e Cézanne. Não demorou muito para todo mundo estar no Café Guerbois, trocando ideias e incentivos, compartilhando, competindo, sonhando, todos juntos, até que algo radical e completamente novo surgiu.

Isso acontece o tempo todo. Gloria Steinem era o rosto mais famoso do movimento feminista no início da década de 1970. Mas o que levou ao dobro de mulheres eleitas nos Estados Unidos? Gloria Steinem, Shirley Chisholm, Bella Abzug e Tany Melich se unindo para criar a National Women's Political Caucus, a Assembleia Política Nacional de Mulheres. Revoluções nascem a partir de conversas, discussões, validações, proximidade e do olhar do seu ouvinte que lhe diz que você está criando algo importante.

Para aqueles que sonhavam em mudar as estratégias da guerra moderna, o lugar em que amigos passavam tempo juntos, tinham longos debates noite adentro e viam esse olhar na cara de seus camaradas era uma base aérea chamada Maxwell Field. Maxwell Field ficava – ainda fica – em Montgomery, no Alabama. Era uma antiga plantação de algodão convertida em campo de aviação pelos irmãos Wright, Orville e Wilbur. Na década de 1930, ela se tornou o lar da Air Corps Tactical School, ou Escola Tática do Corpo Aéreo, a versão aeronáutica da Army War College, a Escola de Guerra do Exército, em Carlisle, na Pensilvânia, e da Naval War College, a Escola de Guerra Naval, em Newport, em Rhode Island. Boa parte da base atual permanece igual ao que era na época da construção, nos anos 1930: tudo em concreto ou estuque pintado de amarelo-claro, com telhas vermelhas. Há centenas de casas elegantes para os oficiais, construídas no estilo provinciano francês em ruas tranquilas e cheias de curvas ladeadas por carvalhos gigantes. No verão, o ar é pesado e úmido. É um lugar no meio do Alabama. As construções imponentes do século XIX que abrigam a Assembleia Legislativa do Estado ficam no fim da rua, a alguns quilômetros de distância. Nada ali remete ao local do nascimento de uma revolução.

Mas foi.

Naqueles anos, a Força Aérea não era um ramo diferente das Forças Armadas. Era uma divisão de combate. Ela existia apenas para servir aos interesses do comando em terra. Para apoiar, auxiliar, acompanhar. O lendário general do Exército John "Black Jack" Pershing, que liderou as forças americanas na Primeira Guerra Mundial, certa vez escreveu que o poder aéreo "é incapaz, por conta própria, de vencer uma guerra no presente ou, pelo que podemos prever, em qualquer momento no futuro".* Era assim que o efetivo militar encarava os aviões. Richard Kohn, historiador-chefe da Força Aérea dos Estados Unidos há uma década, explica que, no começo, as pessoas simplesmente não entendiam o poder das aeronaves:

> Lembro que há registro de um congressista perguntar: "Por que tanto burburinho sobre os aviões? Por que não compramos um e deixamos todos os setores dividirem?"

O primeiro endereço da Air Corps Tactical School não foi no Alabama, mas em Langley, na Virgínia. Havia estábulos ao lado dos hangares dos aviões, e os pilotos tinham que aprender a cavalgar, como se ainda estivessem no século XIX. Dá para imaginar o que os aviadores militares da época – e havia apenas algumas centenas deles – achavam disso? Eles acreditavam que, enquanto fizessem parte do Exército, estariam sob o comando de pessoas que não sabiam pilotar, não entendiam nada de aviões e queriam que eles escovassem os cavalos todo dia. Os pilotos queriam ser independentes. E o primeiro passo para isso foi transferir sua escola de treinamento para o mais longe possível da influência do Exército – tanto no sentido cultural quanto no físico. O fato de Maxwell Field ficar em uma antiga plantação de algodão em um canto tranquilo do Sul era intencional, não um problema.

Como o poder aéreo militar era uma novidade, os professores da escola tática eram jovens – com 20 e 30 e poucos anos, tomados

---

* A citação vem de uma carta que Pershing enviou em 1920 para o diretor do Serviço Aéreo, na qual argumentava que a divisão deveria "permanecer como parte do Exército". Ele acreditava que a Força Aérea existia para auxiliar o Exército e devia permanecer sob seu comando: "Para alcançarmos o sucesso, a Força Aérea militar deve ser controlada da mesma maneira, reconhecer a mesma disciplina e agir de acordo com o comando do Exército exatamente sob as mesmas condições que outras unidades de combate."

pela ambição da juventude. Eles enchiam a cara nos fins de semana, pilotavam aviões por diversão e apostavam corrida em seus carros. Seu lema era: *Proficimus more irretenti* – "Criamos o progresso sem nos importar com a tradição". Os líderes da Air Corps Tactical School eram chamados de "Máfia dos Bombardeiros". O nome não era um elogio – estamos falando da era de Al Capone e Lucky Luciano, dos tiroteios nas ruas. Mas os professores do Corpo Aéreo achavam que o rótulo de párias combinava com eles. E o apelido pegou.

Harold George, um dos líderes espirituais da Máfia dos Bombardeiros, descreveu a situação da seguinte forma: "Nós éramos muito entusiasmados, estávamos começando algo como uma cruzada... sabendo que havia uma dezena de nós e que nossa única oposição seriam 10 mil oficiais e o restante do Exército, o restante da Marinha."

George era nativo de Boston. Ele entrou para o Exército durante a Primeira Guerra Mundial e ficou fascinado pelos aviões. Começou a dar aulas na escola tática no começo dos anos 1930 e foi promovido a general durante a Segunda Guerra. Após o conflito, foi trabalhar para Howard Hughes, montando a empresa de produtos eletrônicos dele. Depois ajudou a montar outra firma de produtos eletrônicos que se tornou uma gigantesca prestadora de serviços para a indústria bélica. E esta é a minha parte favorita: foi eleito prefeito de Beverly Hills duas vezes.

Estamos falando de um homem só. De uma vida só. Mas, se você perguntasse a Harold George qual foi o ponto alto de sua carreira, ele provavelmente diria que foi aquela época impetuosa na década de 1930, quando era professor em Maxwell Field.

Como declarou em uma entrevista de 1970: "Ninguém parecia entender o que nós estávamos fazendo e por isso não recebíamos ordens para mudar o tipo de instrução que dávamos."

A Air Corps Tactical School era uma universidade. Uma academia. Mas poucos membros do corpo docente tinham experiência como professores. E as coisas que ensinavam eram tão novas e radicais que não havia livros didáticos para os alunos estudarem nem artigos para lerem. Então inventavam as coisas – de improviso, por assim dizer. Palestras logo se transformavam em seminários, que viravam discussões abertas, que continuavam no jantar. É o que sempre acontece: a conversa começa a semear uma revolução. O grupo divaga em direções que um indivíduo jamais cogitaria seguir sozinho.

Donald Wilson era outro membro da panelinha da Máfia dos Bombardeiros. Foi ele quem mais tarde escreveria sobre seu sonho de travar um tipo diferente de guerra. Segundo suas recordações sobre aquela época:

> Tenho quase certeza de que, se houvesse algum tipo de controle e o comando geral do Departamento de Guerra soubesse o que fazíamos em Maxwell Field, todos nós teríamos ido parar na cadeia. Porque tudo era tão contrário à doutrina tradicional que seria impossível alguém saber daquilo e permitir que a gente continuasse.

2.

Na primeira metade do século XX, quando as pessoas pensavam em aeronaves militares, o que lhes vinha à mente eram caças: pequenos aviões altamente manobráveis que travavam batalhas com os inimigos no ar. Mas esse não era o caso dos renegados em Maxwell Field. Eles eram obcecados nos avanços tecnológicos na aviação da década de 1930. Alumínio e aço substituíram a madeira compensada. Motores se tornaram mais poderosos. Aviões ficaram maiores e mais fáceis de pilotar. Eles ganharam trens de pouso retráteis e fuselagem pressurizada. E esses avanços permitiam que a Máfia dos Bombardeiros imaginasse uma classe completamente nova de aeronaves – formada por aviões que fossem tão grandes quanto os que começavam a transportar passageiros pelos Estados Unidos. Uma aeronave tão enorme e poderosa não se limitaria a enfrentar outros caças no céu. Ela poderia carregar bombas: explosivos pesados e poderosos que causariam danos significativos às posições inimigas no solo.

Ora, mas por que isso seria tão devastador? Porque, se você colocasse um dos novos motores poderosos em um dos novos aviões imensos, ele poderia voar tão rápido e atravessar uma distância tão grande que nada poderia detê-lo. A artilharia antiaérea pareceria um revólver de atirar ervilhas. Os caças inimigos seriam mosquitinhos irritantes, zumbindo de maneira inofensiva. Esse tipo de aeronave teria revestimento blindado e armas na frente e atrás para se defender. E, assim, chegamos ao dogma número um da doutrina da Máfia dos Bombardeiros: nada segura o bombardeiro.

O segundo dogma: até então, presumia-se que a única forma de bombardear o inimigo era na segurança da escuridão. Porém, se o bombardeiro fosse imbatível, para que precisaria ser discreto? A Máfia dos Bombardeiros queria atacar à luz do dia.

O terceiro dogma: nos bombardeios à luz do dia, seria possível *enxergar* o alvo. Você não estaria mais cego. E conseguir enxergar significava poder usar uma mira – alinhar o alvo, acrescentar as variáveis necessárias, deixar o aparelho fazer sua tarefa – e *bum!*

O quarto e último dogma: havia um consenso de que, quando um bombardeiro se aproximava do alvo, ele tinha que chegar o mais perto possível do solo para conseguir acertá-lo. Porém, com a mira, seria possível soltar a bomba lá do alto – fora do alcance da artilharia antiaérea. *Poderemos acertar uma bomba em um barril de picles a 9 mil metros de altitude.*

Grande altitude. Luz do dia. Bombardeio de precisão. Era isso que a Máfia dos Bombardeiros planejava no seu esconderijo no meio do Alabama.

O historiador Richard Kohn descreveu o grupo da seguinte maneira:

> Havia um espírito comunitário. Eu até os chamaria de "irmãos de armas". Mas, se você não aceitasse a doutrina, e alguns não aceitavam mesmo, poderia ser... não exatamente expulso da irmandade, mas questionado e excluído.

Um piloto da equipe da escola tática chamado Claire Chennault ousou desafiar as crenças da Máfia dos Bombardeiros. Ele foi praticamente defenestrado da cidade.

Kohn continuou: "Era um grupo de rebeldes. Eles faziam campanhas de relações públicas. Alguns publicavam textos sob pseudônimos, promovendo o poder aéreo militar."

Só fui entender de verdade a audácia da visão da Máfia dos Bombardeiros quando fui a Maxwell. O nome agora é Base Aérea Maxwell, não Maxwell Field. Ela é lar da Air University, a sucessora da Air Corps Tactical School. Pessoas do mundo todo vão estudar ali. O corpo docente inclui muitos dos principais historiadores, peritos em táticas e estrategistas militares do país. E passei uma tarde com um grupo de professores da Maxwell, em uma sala de conferências a metros de distância do local onde a Máfia dos Bombardeiros travava seus debates havia quase um século. Todos os registros da escola tática original estão nos arquivos da instituição, e os historiadores com quem conversei analisaram as antigas anotações e palestras da Máfia dos Bombardeiros. Eles falam de Donald Wilson e Harold George como se fossem seus contemporâneos. Porque os *conhecem*. Mas uma diferença me marcou. Vários historiadores que conheci são ex-pilotos da Força Aérea. Eles pilotaram caças modernos, bombardeiros *stealth* e aviões de carga multimilionários, então, quando falavam sobre poder aéreo, se referiam a algo tangível, algo com que tinham experiência em primeira mão.

Porém, na década de 1930, a Máfia dos Bombardeiros falava sobre algo teórico, algo que *torciam* para existir um dia.

Era um sonho.

Richard Muller, professor de história do poder aéreo militar na Air University, explicou da seguinte maneira:

> Não existia nada que se equiparasse a essas ideias. Eles estavam doidões. Se você for a um museu, a um museu de aviação – se for a Pensacola, ao Museu [Nacional] do Ar e Espaço ou à [Base Aérea] Wright-Patterson, e der uma olhada nos aviões que existiam no começo dos anos 1930, quando eles começaram a pensar nessas coisas, você vai dizer: mas que loucura é essa? Quanta cocaína esse pessoal cheirava?

Um dos prazeres inesperados de conversar com historiadores militares é a irreverência com que tratam as próprias instituições. Muller continuou:

> Simplesmente havia essa fé de que eles chegariam lá. Ninguém sabia como. E ninguém sabia onde também, mas chegariam lá, e não era uma crença completamente descabida naquela época e naquele lugar. Não era loucura

acreditar nisso. Mas uma das principais crenças desse grupo era a de que, com o progresso da tecnologia e o desenvolvimento de materiais, eles conseguiriam o avião certo. Eles passaram do B-9 para o B-10, para o B-12, para o protótipo B-15, para o B-17 e para o B-29 em cerca de 10 anos, o que é algo extraordinário, se você parar para pensar.

3.

Estou com medo de não ter explicado direito como era radical o pensamento da Máfia dos Bombardeiros – como era revolucionário. Então vou abrir um parêntesis. Quero falar de um livro que sempre adorei, chamado *The Masks of War* (As máscaras da guerra), escrito por um cientista político chamado Carl Builder. Ele trabalhou na RAND Corporation, um *think tank* localizado em Santa Monica, criado após a Segunda Guerra Mundial para atuar como um setor externo de pesquisa do Pentágono.

Builder argumenta que é impossível compreender como as três principais divisões das Forças Armadas dos Estados Unidos funcionam e tomam decisões se você não entender como a cultura de cada uma é *diferente*. E, segundo ele, para provar essa teoria, basta olhar para as capelas no campus das universidades de cada uma.

A capela da academia militar de West Point, o histórico campo de treinamento do Exército americano, fica no topo de um penhasco sobre o rio Hudson, dominando a vista do campus. Ela foi construída em 1910, no imponente estilo neogótico. Suas paredes são de granito cinza e as janelas são altas e estreitas. Ela tem a força ameaçadora de uma fortaleza medieval – sólida, simples, imóvel. Builder escreve: "É um lugar tranquilo para cerimônias simples com pessoas que são próximas umas das outras e da terra, que é seu lar."

O Exército é assim: extremamente patriota, firme em seu serviço à nação.

Então temos a capela da Academia Naval, em Annapolis. Ela foi construída quase ao mesmo tempo que sua colega em West Point, porém é maior. Mais imponente. Seguindo a arquitetura Beaux-Arts americana, seu domo enorme foi inspirado no projeto da capela militar de Les Invalides, em Paris. Os vitrais são enormes, deixando a luz entrar no seu interior ornado, cheio de detalhes. É um ambiente típico da Marinha: arrogante, independente, seguro da escala global de suas ambições.

Compare as duas com a capela mais jovem da Academia da Força Aérea, em Colorado Springs. Ela é de outro universo. Foi concluída em 1962, mas, se eu lhe dissesse que terminaram de construí-la no mês passado, você diria: "Nossa, que estilo futurista." A capela da Força Aérea passa a impressão de que alguém alinhou um esquadrão de caças como dominós, com os narizes apontados para o céu. Ela parece pronta para decolar com um magnífico e ensurdecedor *vruuum*. Dentro da catedral, há mais de 24 mil vitrais, em 24 cores diferentes, e na frente, uma cruz de 14 metros de altura e mais de 3 metros de largura, com vigas que parecem hélices. Do lado de fora, quatro caças estão garbosamente estacionados, como se os pilotos, num impulso, tivessem decidido dar um pulo ali em uma manhã de domingo para participar da comunhão.

O arquiteto da capela foi um brilhante modernista de Chicago chamado Walter Netsch. Ele recebeu a mesma liberdade criativa e o mesmo orçamento ilimitado que a Força Aérea geralmente oferece para pessoas que projetam aviões com tecnologia *stealth*.

Em uma entrevista de 1995, Netsch se lembrou do trabalho:

Voltei para casa com uma sensação absurda de: como, nesta era moderna da tecnologia, posso criar algo que seja tão inspirador e ambicioso quanto a catedral de Chartres...? Ao mesmo tempo, eu tinha tido uma ideia aqui em Chicago, trabalhando com o meu engenheiro, sobre juntar tetraedros.

O que você acha que o fato de ter construído uma catedral de alumínio e aço, com o formato de um jato em pé, no meio do planalto do Colorado, diz sobre a Força Aérea? É essa a pergunta que Carl Builder faz em seu livro. E a conclusão a que ele chegou foi a seguinte: trata-se de um grupo de pessoas que deseja loucamente se diferenciar o máximo possível dos ramos mais antigos do serviço militar, o Exército e a Marinha. E, mais do que isso, a Força Aérea não tem interesse algum por história e tradição. Pelo contrário, ela quer ser moderna.

Netsch projetou toda a capela a partir de módulos piramidais de 2 metros. Tetraedros! A Força Aérea é um ramo do serviço militar para pessoas que desejam começar do zero, travar guerras de novas maneiras, se preparar para as batalhas de hoje. Elas não perdem tempo estudando a guerra do Peloponeso ou a batalha de Trafalgar. A Força Aérea é obcecada no amanhã e na maneira como a tecnologia irá prepará-la para isso. E o que aconteceu com a capela de Netsch depois de ser construída? Apresentou uma porção de problemas estruturais, é claro! Assim como um código de computação revolucionário, ela precisou ser depurada.

Netsch explicou:

> Quando você se mete com tecnologia, às vezes arruma problema... O que aconteceu foi que, do nada, começaram

uns vazamentos. E fomos até Colorado Springs, nos hospedamos em uma pousada barata e esperamos chover. Aí choveu, a gente foi correndo para a capela – é uma construção grande – e tentou descobrir onde pingava... Precisei escrever um relatório, e fiquei muito chateado com os vazamentos. Dei o título de "Relatório sobre a migração de água na capela da Academia da Força Aérea". Não preciso nem dizer que recebi várias provocações bem-humoradas sobre meu eufemismo. Mas descobrimos que... os grupos de tetraedros se moviam com o vento. Venta muito lá, e o prédio pode receber vento de várias direções. E ele é comprido, então movimentos diferentes podem acontecer em extremidades diferentes. Os painéis de vidro passam pelas juntas que conectam tudo.

Então finalmente foi decidido que nós colocaríamos uma grande capa de plástico por cima das janelas de vidro, eliminando muitas fontes do problema, porque cada pedacinho de vidro naquela moldura, tudo começa a... não é difícil para a água passar. Então eles instalaram uns painéis compridos de plástico, o que ajudou muito a eliminar o problema maior.

Isso é *muito* típico da Força Aérea. Você constrói uma capela do século XXI no meio do século XX, e ela está tão à frente do próprio tempo que é preciso fazer uma gambiarra de engenharia para contornar o problema com base em uma nova análise de padrões meteorológicos. E é neste ponto que eu queria chegar – de onde surgiu essa nova mentalidade radical? Da Air Corps Tactical School, naquele período de agitação intelectual entre 1931 e 1941. Durante os seminários e os debates que varavam a noite, nasceu a cultura da Força Aérea moderna. Eles levariam a guerra para o ar. Fariam todos os outros ramos das Forças Armadas comerem poeira. E se você for ao santuário da capela da Academia da Força Aérea e olhar para cima, para as costelas de alumínio do teto, vai entender.

E o que acontece na Academia Naval enquanto isso? Estão polindo à mão os corrimãos de latão da capela.

4.

Assim como acontece com todos os grupos revolucionários, a Máfia dos Bombardeiros tem uma lenda fundadora, uma história sobre sua origem. E, como acontece com todas as lendas, ela pode não ser completamente verídica, mas aqui vai.

Em 1936, no dia de São Patrício, houve uma enchente em Pittsburgh. Foi devastadora. O grande diferencial da cidade é ser posicionada na nascente de um grande rio, o Ohio, formado pela convergência de dois outros rios, o Monongahela e o Allegheny. E, naquele dia, o encontro dos dois transbordou em uma inundação dramática.

Aviadores não costumam se preocupar com desastres terrestres. Furacões, talvez. Tempestades. É o Exército que lida com enchentes. Mas a tragédia de Pittsburgh acabaria tendo uma influência dramática na revolução que fervilhava em Maxwell Field. A questão foi que, entre as centenas de construções às margens do rio destruídas pela água, estava a fábrica de uma empresa chamada Hamilton Standard. A Hamilton Standard era a principal fabricante nacional de uma mola usada em hélices de passo variável, um equipamento básico para a maioria dos aviões na época. Mas como a Hamilton Standard não podia mais fabricar as molas das hélices de passo variável, ninguém podia fabricar hélices de passo variável, e como ninguém podia fabricar hélices de passo variável, ninguém podia fabricar aviões. A enchente de Pittsburgh fez a indústria aeronáutica parar completamente em 1936: sem a mola, o ramo da aviação estava perdido.

Lá no Alabama, a Máfia dos Bombardeiros recebeu a notícia do que acontecera com a Hamilton Standard, e os olhos dos homens brilharam. O membro que passou mais tempo pensando na fábrica de molas foi Donald Wilson. E a situação em Pittsburgh o fez perceber uma coisa. A guerra, em sua definição clássica, é o uso em peso de todas as forças militares até a rendição da liderança política inimiga. Mas o raciocínio de Wilson foi: precisa mesmo ser assim? Sem a fábrica da mola da hélice em Pittsburgh, acabamos com o poder militar aéreo. Se encontrarmos mais uma dezena de alvos cruciais parecidos – o termo que ele usou foi "pontos de estrangulamento" –, bombardeiros podem fazer um país inteiro parar. Wilson então bolou um dos exercícios de pensamento mais famosos da Máfia dos Bombardeiros. E tenha em mente que eles só podiam fazer exercícios de pensamento. Não existiam bombardeiros de verdade. Nem um inimigo real. Nem recursos para aquilo tudo. Eram apenas ideias.

No exercício, Wilson usou o centro de fábricas do Nordeste dos Estados Unidos como alvo:

> Agora, quando começamos a bolar teorias sobre essa ideia... nós não tínhamos inteligência aérea de nenhum inimigo possível. Então usamos uma unidade que talvez pudesse ser alcançada por um inimigo. E, para ilustrar esse conceito, presumimos que o inimigo se posicionaria no Canadá e estaria dentro do alcance da área industrial no Nordeste.

Assim, o inimigo do exercício de pensamento está no Canadá – digamos que em Toronto. Toronto fica a 550 quilômetros de Nova York, traçando uma linha reta, facilmente dentro do alcance dos aviões com que a Máfia dos Bombardeiros sonhava. Que tipo de estrago uma esquadrilha de bombardeiros seria capaz de causar se saísse de Toronto para uma única missão?

Em uma apresentação de dois dias em abril de 1939, na escola tática, eles tentaram chegar a alguma conclusão.

Conversei sobre esse exercício com o historiador Robert Pape, que escreveu um livro chamado *Bombing to Win* (Bombardear para vencer), sobre as origens de muitas das ideias ensinadas na Air Corps Tactical School. Pape descreveu a apresentação da seguinte forma:

> O bombardeio em que eles se concentram [é], em primeiro lugar, sobre pontes. Em segundo, viria o bombardeio de aquedutos. Este é importante porque desejam causar uma sede em massa nos habitantes de Nova York. Em resumo, eles queriam criar uma situação em que quase não haveria água potável para a população beber. E então, em terceiro lugar, atacariam a rede de energia elétrica.
>
> Ninguém estava pensando nas questões psicológicas de um bombardeio. Ninguém estava pensando nas questões sociológicas de um bombardeio. Ninguém estava pensando nem nas questões políticas do bombardeio – isto é, nas implicações que o ataque causaria em populações, sociedades e governos. Eles só se concentraram na tecnologia das bombas na época e em quais alvos conseguiriam atingir se fossem lançadas de bombardeiros.

A apresentação foi ministrada por um membro importante da Máfia dos Bombardeiros, Muir Fairchild. Ele argumentou que os aquedutos seriam o alvo mais óbvio. O sistema que abastecia Nova York tinha 148 quilômetros. E também havia a rede de energia elétrica. Fairchild mostrou um gráfico para os alunos: "O bombardeio aéreo comparado à rede de tração elétrica na região da cidade de Nova York".

Fairchild concluiu: "Então está claro que 17 bombas, se lançadas nos locais corretos, não apenas cortariam a energia elétrica de toda a região metropolitana como também evitariam a distribuição de fontes de energia externas!"

Dezessete bombas! O raciocínio da época era que você teria que bombardear uma cidade inteira – reduzi-la a escombros, com uma onda após outra de bombardeios caros e perigosos. O argumento de Fairchild era: "Por que fazer isso quando era possível usar sua inteligência e a mágica da mira Norden para imobilizar uma cidade com um único ataque?" Como Pape me explicou:

> Eles com certeza pensavam que o bombardeiro por si só, que o poder aéreo militar por si só, poderia ganhar a guerra. E achavam que, além de ganhar a guerra, impediriam uma carnificina em massa como a que ocorreu na Primeira Guerra Mundial, quando os batalhões permaneceram anos e anos e anos se enfrentando e milhões e milhões de pessoas morreram no moedor de carne que eram as trincheiras.

Assim dá para entender por que Donald Wilson, meio que de brincadeira, disse que, se o Exército soubesse o que acontecia em Maxwell Field, mandaria todos os membros da Máfia dos Bombardeiros para a cadeia. Esses homens *faziam parte* do Exército, mas estavam dizendo que todas as outras divisões eram irrelevantes e obsoletas. Mesmo com centenas de milhares de tropas reunidas ao longo da fronteira com o Canadá, cheias de artilharia, tanques de guerra e todas as outras armas possíveis e imagináveis, os bombardeiros iriam sobrevoar tudo isso, deixar para trás todas as formas de defesa convencionais e arrasar o inimigo com alguns poucos ataques aéreos a centenas de quilômetros de distância do front. Tami Biddle, professora de segurança nacional na US Army War College, explica o pensamento da Máfia dos Bombardeiros da seguinte forma:

> Acho que existe um fascínio com a tecnologia americana. Acho que existe um componente moral muito forte nisso tudo, um desejo de encontrar uma maneira de travar guerras de forma limpa, sem destruir a reputação dos Estados Unidos como um país ético, uma nação de ideias, de ideologia, de compromisso com os direitos individuais e respeito pelos seres humanos.

A Máfia dos Bombardeiros – apesar do seu nome ameaçador – nunca foi muito grande. Ela era formada por uma dúzia de homens, no máximo, todos mais ou menos vizinhos naquelas ruas tranquilas e cheias de sombras de Maxwell Field. A escola tática também não era uma instituição enorme. Ela nunca chegou aos pés de West Point, produzindo geração após geração de oficiais do Exército. Durante os 20 anos em que funcionou, formou pouco mais de mil oficiais. Se a Segunda Guerra Mundial nunca tivesse acontecido, é completamente possível que as teorias e os sonhos desse pequeno grupo ficassem esquecidos pela história.

Mas então Hitler atacou a Polônia, a Grã-Bretanha e a França declararam guerra contra a Alemanha e, no verão de 1941, todo mundo já sabia que os Estados Unidos logo se juntariam ao conflito. E se o país fosse para a guerra, obviamente precisaria de uma frota aérea poderosa. Mas o que isso significava? Quantos

aviões seriam necessários? Para responder a essa pergunta, o alto-
-comando do Exército em Washington, em desespero, procurou
o único grupo de especialistas que poderia saber a solução: os
professores da escola tática em Maxwell Field, no Alabama.

Então a Máfia dos Bombardeiros foi para Washington e
apresentou um documento chocante, que serviria como base para
tudo que os Estados Unidos fizeram na guerra aérea. Ele se chamava "Divisão Um de Planos da Guerra Aérea" – AWPD-1, na sigla em inglês. Em detalhes minuciosos, o texto explica quantas aeronaves seriam necessárias – caças, bombardeiros, aviões de transporte. E quantos pilotos. Quantas toneladas de explosivos. E os alvos na Alemanha para todas essas bombas, escolhidos de acordo com a teoria dos pontos de estrangulamento: 50 usinas de energia elétrica, 47 redes de transporte, 27 refinarias de óleo sintético, 18 fábricas de montagem de aeronaves, 6 siderúrgicas e 6 "fontes de magnésio". E esse conjunto impressionante de projeções foi criado em apenas nove dias, do começo ao fim – o tipo de façanha sobre-humana que só é possível depois de você passar 10 anos isolado no meio do Alabama, à espera de uma oportunidade. A Máfia dos Bombardeiros estava pronta para a guerra.

CAPÍTULO TRÊS

"De fato, faltava a ele a conexão da solidariedade humana"

"UM MENSAGEIRO BRITÂNICO DE MOTO FOI ATÉ A MINHA RESIDÊNCIA EM CASTLE COMBE, NOS ARREDORES DE LONDRES. ELE ME ENTREGOU UMA MENSAGEM DO GENERAL [HAP] ARNOLD, QUE, APÓS SER DECODIFICADA, DIZIA: 'ME ENCONTRE AMANHÃ DE MANHÃ EM CASABLANCA.'"

– COMANDANTE-GERAL IRA EAKER

1.

Casablanca, que na época fazia parte do protetorado francês do Marrocos, sediou uma conferência secreta entre Winston Churchill e Franklin Roosevelt em janeiro de 1943. A guerra começava a virar a favor dos Aliados, e os dois líderes se encontraram para planejar o que, com sorte, seria o capítulo final e vitorioso do conflito. Ambos foram acompanhados por membros da alta patente militar. Para Roosevelt, isso incluía o general Hap Arnold, que comandava todo o poder aéreo americano. E, agora, no meio da conferência, Arnold soava um alarme, enviando uma mensagem urgente para o seu adjunto mais importante.

Ira Eaker era um ilustre formando da Air Corps Tactical School em Maxwell Field. Um dos fundadores da Máfia dos Bombardeiros, ele acreditava piamente nos bombardeios de precisão em grande altitude e à luz do dia. Além disso, era comandante da 8ª Força Aérea – o esquadrão de bombardeiros posicionado na Inglaterra que fora encarregado de alvejar todos os alvos definidos no crucial documento AWPD-1, que continha todo o planejamento da guerra.

"Venha para Casablanca", dizia a mensagem. "Agora."

Conforme Eaker relembra:

> A Conferência de Casablanca estava cercada por tanto mistério e sigilo que nem entendi o que isso significava. Mas eu sabia que seria melhor obedecer. Então liguei para o general [Frederick Louis] Anderson, que era o comandante dos bombardeiros, e disse: "Preciso que um B-17 me busque em Bovington à meia-noite de hoje e me leve para Casablanca, chegando pouco depois do amanhecer."

Ao aterrissar, Eaker foi direto para o casarão onde estava o general Arnold.

E o general Arnold disse: "Tenho uma notícia ruim para você, filho. Nosso presidente acabou de aceitar, depois da insistência do primeiro-ministro, que os bombardeios durante a luz do dia sejam interrompidos e que vocês se juntem aos bombardeios noturnos da RAF."

RAF era a Força Aérea Real. As ideias que tanto empolgavam Eaker e seus colegas de classe em Maxwell Field pareciam menos fascinantes do outro lado do Atlântico. Os britânicos não levavam a sério a ideia dos bombardeios de precisão. Eles nunca caíram de amores pela mira Norden. Nunca se animaram com a possibilidade de acertar uma bomba em um barril de picles a 9 mil metros de altitude. A Máfia dos Bombardeiros afirmava que era possível acabar com a determinação do inimigo ao paralisar sua economia – atacando com cuidado e habilidade os aquedutos e as fábricas de molas para hélices –, de modo que ele se tornasse incapaz de permanecer no conflito. Sua crença era de que as tecnologias modernas de bombardeio permitiam diminuir o escopo da guerra. Os britânicos discordavam. Eles achavam que a vantagem de ter esquadrilhas de bombardeiros era *aumentar* o escopo da guerra. Chamavam essa tática de "bombardeios de área", um eufemismo para a estratégia de não mirar em nada específico – jogar bombas com a intenção de destruir os lares e as cidades do inimigo e reduzir a população local a um estado de desespero. A ideia era simplesmente acertar tudo que encontrassem antes de voltar para casa.

Os bombardeios de área não ocorriam durante o dia, pois de que adiantaria enxergar alguma coisa quando você não precisava acertar nada específico? E o alvo explícito eram os civis. A instrução era: é *obrigatório* acertar bairros residenciais e fazer isso noite após noite, um ataque atrás do outro, até as cidades inimigas serem reduzidas a escombros. Então o inimigo ficará tão desanimado que simplesmente desistirá.

Os ingleses achavam que os membros da Máfia dos Bombardeiros eram doidos. Por que se arriscar a voar durante o dia para bombardear alvos difíceis demais de acertar? Os britânicos queriam ganhar a guerra e, na opinião deles, os americanos pareciam estar apresentando um seminário universitário de filosofia.

Então, em Casablanca, Churchill disse para Franklin Roosevelt: "Chega. Vamos fazer as coisas do nosso jeito agora." E, em pânico, o general Arnold chamou seu comandante na Europa, Ira Eaker, para dar a má notícia: os bombardeios de área tinham vencido a disputa.

Porém Ira Eaker era um membro da Máfia dos Bombardeiros. Ele não desistiria tão fácil.

Nas palavras dele:

> Eu disse: "General, isso não faz sentido nenhum. Nossos aviões não são equipados para bombardeios noturnos; nossas tripulações não são treinadas para bombardeios noturnos. Vamos perder mais gente voltando para aquela ilha enevoada no escuro do que atacando alvos alemães durante o dia. Se eles quiserem cometer um erro desses, estou fora. Não vou participar disso." Bom, ele respondeu: "Imaginei que essa seria a sua reação... Também entendo muito bem os motivos que acabou de explicar. Mas... como está tão determinado, verei se consigo marcar um horário para você conversar com o primeiro-ministro amanhã cedo."

Eaker voltou para o seu alojamento e passou boa parte da noite escrevendo uma resposta para Churchill. Todo mundo sabia que o primeiro-ministro não lia documentos com mais de uma página. Então seria preciso fazer um resumo *bem* sucinto. E convincente.

> Então, quando me apresentei, o velho primeiro-ministro desceu a escada – o brilho do sol refletido nas janelas altas de vidro atravessava o pomar de laranjeiras –, em seu resplandecente uniforme de comodoro do ar. Ele gostava de fazer isso, eu sabia – quando se encontrava com alguém da Marinha, usava seu uniforme naval; quando era alguém da

Força Aérea, o uniforme aéreo, e assim por diante. Enfim, ele disse: "General, o seu general Arnold me disse que o senhor está muito insatisfeito com meu pedido ao seu presidente para encerrar os bombardeios diurnos e se unir ao marechal [Arthur] Harris e à RAF nas empreitadas noturnas." Eu respondi: "Sim, senhor, estou. E expliquei aqui, em uma única página, os motivos para a minha insatisfação. Já estou servindo na Inglaterra há tempo suficiente para saber que o senhor escutará os dois lados de qualquer disputa antes de tomar uma decisão." Então ele se sentou no sofá, pegou a folha de papel, me chamou para sentar ao seu lado e começou a ler. E ele lia como uma pessoa de idade, mexendo os lábios, quase em voz alta.

E o que Eaker escreveu? O argumento mais básico em que conseguiu pensar. "Eu dizia que, se os britânicos atacarem à noite e os americanos de dia, os bombardeios vão durar o dia todo, e esses demônios não vão conseguir descansar nunca."
Quando chegou a esse trecho do documento, Churchill repetiu a frase para si mesmo. Como se tentasse entender a lógica por trás daquilo. Então se virou para Eaker.

Ele disse: "O senhor ainda não me convenceu de que está certo, mas me convenceu a lhe dar outra oportunidade de provar seu argumento. Então, quando eu me encontrar com o seu presidente na hora do almoço, direi a ele que retiro minha objeção e meu pedido para que participem dos bombardeios noturnos da RAF, e vou sugerir que continuem suas operações por um tempo."

Os americanos conseguiram o que queriam. Por um triz.

2.

Coloque-se no lugar da Máfia dos Bombardeiros neste momento: Ira Eaker, Haywood Hansell, Harold George, Donald Wilson, todos os outros da Air Corps Tactical School. Eles estão trabalhando lado a lado com seu aliado mais próximo para derrotar os nazistas. E esse aliado parece incapaz de compreender o progresso conceitual nos métodos de batalha que eles criaram.

Quando chegou à Inglaterra, Eaker morou na casa do seu equivalente na Força Aérea Real, Arthur Harris, também conhecido como "Harris Bombardeiro". Todas as manhãs, eles iam juntos de carro para o quartel-general central dos bombardeiros, em High Wycombe.

Como a historiadora Tami Biddle explica:

> Era muito esquisito. Ira Eaker e Arthur Harris tinham doutrinas completamente opostas, completamente diferentes, quando se tratava de bombardeios. Mas se tornaram bons amigos. Eles gostavam um do outro de verdade. Na verdade, em determinado momento, Harris fala para Eaker, "Se qualquer coisa acontecer comigo e com [a minha esposa] Jill... queremos que você cuide [da nossa filha] Jackie. Queremos que seja padrinho dela". O relacionamento dos dois é muito interessante, mas eles pensavam de forma totalmente diferente.

A crença inabalável do marechal Harris no poder do "bombardeio de área" devia ofender Eaker. Ou, no mínimo, deixá-lo confuso. O que havia acabado de acontecer com os britânicos? A Blitz. A Blitz foi um exemplo perfeito do bombardeio de área. No dia 4 de setembro de 1940, Hitler declarou: "Chegará o momento em que um de nós cederá, e não será a Alemanha Nacional-Socialista!" E, no outono de 1940, ele enviou bombardeiros alemães para assolar os céus de Londres, soltando 50 mil toneladas de bombas altamente explosivas e mais de um milhão de bombas incendiárias.

Hitler acreditava que, se os nazistas atacassem os bairros de trabalhadores do leste de Londres, acabariam com o moral da população britânica. E, como os ingleses acreditavam na mesma teoria, ficaram morrendo de medo de a Blitz lhes custar a guerra. O governo britânico previu que entre 3 e 4 milhões de londrinos fugiriam da capital. As autoridades até assumiram o controle de uma série de hospitais psiquiátricos nos arredores da cidade para lidar com o que seria uma onda de pânico e crises psicológicas.

Mas o que aconteceu no fim das contas? Quase nada! O pânico nunca veio.

Conforme descreveu um filme do governo britânico em 1940: "Londres ergue a cabeça, tira do cabelo a poeira dos destroços e analisa os danos. Ela foi ferida durante a noite. No ringue, o grande lutador é aquele que consegue se levantar depois de ser derrubado. Londres faz isso todas as manhãs."

Os hospitais psiquiátricos passaram a ser de uso militar, porque ninguém apareceu. Algumas mulheres e crianças foram evacuadas para o interior quando os bombardeios começaram, mas, no geral, as pessoas permaneceram na cidade. E, à medida que a Blitz continuava e os ataques alemães se intensificavam, as autoridades britânicas passaram a observar – para o próprio choque – não apenas coragem diante das explosões, mas também algo parecido com indiferença.

Mais tarde, os Imperial War Museums entrevistariam muitos sobreviventes da Blitz, inclusive uma mulher chamada Elsie Elizabeth Foreman. Segundo a descrição dela:

Nós costumávamos ir para o abrigo o tempo todo, e aí, conforme os ataques foram diminuindo, nos acostumamos, acho. E preferíamos ficar na cama de vez em quando, mas também saíamos para dançar. [Se] um ataque aéreo estivesse acontecendo, as pessoas podiam sair se quisessem e tal. E o mesmo acontecia no cinema, se estivéssemos no cinema... a gente só ficava sentado lá dentro. Só começamos a nos mexer e sair e tudo mais depois que fomos bombardeados duas vezes, acho. Na primeira, não fomos bombardeados de fato, foi só o vidro...

Uma das minhas irmãs – ela chegou em casa e começou a varrer o vidro da frente, porque todas as janelas quebraram. Mas varreu tudo para o meio-fio. E minha irmã mais velha saiu e... isso aconteceu durante um ataque, e ainda não havia soado o alarme de que podíamos ir para a rua. E as duas começaram a brigar, porque minha irmã tinha calçado os melhores sapatos da mais velha, que eram muito difíceis de conseguir na época, que nem as meias de seda... Havia bombas caindo por todo lado, e aquelas duas estavam brigando por um par de sapatos e varrendo vidro.

No fim das contas, as pessoas eram bem mais corajosas e resistentes do que qualquer um esperava. E se você resolve bombardear outro país todo santo dia, talvez as pessoas desse lugar não desistam e percam a esperança só por causa disso. É bem possível que elas passem a odiar você, o inimigo, ainda mais. Os defensores do bombardeio de área usavam uma palavra capciosa para descrever o efeito de seus ataques: *desabitação*. Como se fosse possível destruir uma habitação sem incomodar as pessoas que habitam aquele lugar. E, se eu perder a minha casa, vou me tornar mais dependente do meu governo, não mais propenso a me voltar contra ele, certo?

A historiadora Tami Biddle tem uma visão mais ampla sobre os bombardeios de área: "Acho que isso é algo que sempre acontece na história dos bombardeios. Já vimos [que] o Estado, o Estado-alvo – se estamos falando sobre ataques coercivos, ataques coercivos de longo alcance –, sempre encontra uma forma de absorver a punição se estiver realmente determinado a fazer isso."

Quando perguntaram a Sylvia Joan Clark, uma sobrevivente da Blitz, se ela chegou a acreditar que os alemães tinham chance de vencer a guerra, sua resposta foi:

> Não. Nunca pensei que tivessem. Sinto muito orgulho de ser inglesa e nunca achei que eles nos venceriam. Nunca. No fundo do meu coração, eu achava que devia trabalhar e ajudar todo mundo para nós chegarmos lá... Eu dizia isso para as pessoas. Não adianta perder o ânimo. Eu tinha uma casa. Eu tive uma mãe. Eu tive um pai, e perdi [tudo], mas botei na cabeça que ninguém me faria perder o ânimo. Eu vou sobreviver, vou trabalhar duro e vou me orgulhar de saber que a Inglaterra será a Inglaterra de novo.

Depois de contabilizarem os danos, os britânicos chegaram à conclusão de que mais de 43 mil pessoas foram mortas e dezenas de milhares ficaram feridas. Mais de um milhão de construções foram danificadas ou destruídas. E não deu certo! Nem em Londres, nem com os londrinos. O moral não foi abalado. E, apesar dessa lição, apenas dois anos depois, a Força Aérea Real queria fazer a mesmíssima coisa com os alemães.

Ira Eaker disse que, quando moravam juntos, ele e o marechal Harris da RAF faziam longos debates sobre o assunto – apesar de eu imaginar que *discussões* seria o termo mais apropriado. Os dois varavam a noite conversando e certa vez Eaker usou esse exato argumento: "Perguntei a Harris se os bombardeios de Londres tinham afetado o moral dos britânicos. Ele disse que as pessoas se tornaram mais determinadas. Só que, no caso dos alemães, a reação seria diferente, porque eles eram muito diferentes dos ingleses."

Para Eaker e o restante da Máfia dos Bombardeiros, o comportamento britânico não fazia sentido. Eles só entenderiam os motivos por trás daquilo mais tarde. A Grã-Bretanha tinha sua própria versão da Máfia dos Bombardeiros – com visões igualmente dogmáticas sobre como o poderio aéreo militar devia ser usado. Na verdade, a palavra *máfia* não está muito correta – tratava-se de um único mafioso bombardeador. Um poderoso chefão. E seu nome era Frederick Lindemann.*

3.

Nas décadas após a Segunda Guerra Mundial, estudiosos de todos os lados tentaram entender o que a guerra significou, e entre eles havia um proeminente cientista britânico chamado C. P. Snow. Snow havia trabalhado para o governo britânico durante a guerra. Formado em Cambridge, era um escritor de sucesso, amigo de toda a elite intelectual da Grã-Bretanha. Em 1960, durante uma palestra em Harvard, dedicou boa parte do seu tempo à história de Frederick Lindemann. Snow acreditava que o papel de Lindemann na maneira como os britânicos usaram seu poder aéreo foi extremamente subestimado. Segundo

---

* Falo mais sobre Lindemann em "The Prime Minister and the Prof", um episódio da segunda temporada do meu podcast, *Revisionist History*, em inglês.

ele, para entender o comportamento desconcertante dos ingleses em relação aos bombardeios, seria preciso entender Lindemann. Como Snow explicou na palestra em Harvard:

> Lindemann era, sob qualquer ótica, um homem muito impressionante e muito estranho. Tinha uma personalidade fortíssima...
> Ele não era um inglês típico. Sempre pensei que, se você o conhecesse na meia-idade, acharia que se tratava de um empresário da Europa central, do tipo que marca reuniões em hotéis caros na Itália...
> Quer dizer, ele podia muito bem ter nascido em Düsseldorf. Seus traços eram proeminentes, pálidos, e suas roupas estavam sempre impecáveis. Ele falava alemão no mínimo tão bem quanto falava inglês e, de fato, suas falas tinham um toque germânico – quando você conseguia escutar o que ele dizia, porque estava sempre resmungando de um jeito muito contraído.

Frederick Lindemann – mais tarde conhecido como "Lorde Cherwell" – nasceu na Alemanha, em 1886. Seu pai era um engenheiro alemão rico. Sua mãe era uma herdeira americana. Lindemann era físico e terminou o doutorado em Berlim pouco antes da Primeira Guerra – na época em que a Alemanha era o centro do mundo para a física. Colegas comparavam sua mente à de Isaac Newton. Ele tinha uma memória extraordinária para números: na infância, lia jornais e repetia uma infinidade de estatísticas de cabeça. Em uma discussão, destruía os argumentos de qualquer um. E também passou muito tempo com Albert Einstein. Certa vez, em um jantar, Einstein mencionou algum problema matemático para o qual nunca tinha conseguido encontrar resposta. No dia seguinte, como quem não quer nada, Lindemann mencionou que sabia a solução; tinha pensado nela enquanto tomava banho. Lindemann estava na boca do povo. E, para um escritor como Snow, seria impossível resistir às fofocas.

> Suas paixões eram desmesuradas... [Elas] me lembram da monomania exagerada das paixões nos romances de Balzac. Ele seria um ótimo personagem balzaquiano. E, como eu disse, era uma figura que fazia coçar os dedos de um romancista.
> Ele não via graça em nenhum prazer dos sentidos. Era o vegetariano mais esquisito do mundo. Não apenas era vegetariano como só ingeria porções minúsculas de uma dieta vegetariana. Ele subsistia à base de queijo Port Salut, claras de ovos – aparentemente, as gemas eram animalescas demais –, azeite e arroz.

Lindemann era excêntrico e brilhante. Porém o maior motivo para ter se tornado famoso foi o fato de ser o melhor amigo de Winston Churchill. Os dois se conheceram em 1921, em um jantar organizado pelo duque e a duquesa de Westminster. Churchill era um aristocrata e Lindemann, um homem muito rico. Então os dois circulavam nos mesmos grupos sociais. Eles se deram bem. No que diz respeito a Churchill, se você ler alguma das cartas que escreveu para Lindemann, sua admiração pelo amigo beirava a idolatria.

O psicólogo Daniel Wegner apresentou um conceito lindo chamado memória transativa, que afirma que não armazenamos informações apenas na nossa mente ou em locais específicos. Também armazenamos memórias e compreensões na mente das pessoas que amamos. Você não precisa se lembrar da conexão emocional que sua filha tem com a professora dela porque sabe que sua esposa fará isso; você não precisa se lembrar de como usar o controle remoto, porque sua filha fará isso. Essa é a definição de memória transativa. Pedacinhos de nós habitam a mente de outras pessoas. Wegner cita a frase arrasadora que um cônjuge costuma repetir quando o outro morre: "Uma parte de mim se foi junto com ele." Isso, segundo o psicólogo, é literalmente verdade. Quando seu companheiro morre, tudo que você guardou no cérebro daquela pessoa desaparece.

A personalidade de Churchill é importante neste caso. Ele era um homem que via o quadro geral. Um visionário. Tinha uma compreensão profunda e intuitiva da psicologia humana e da história. Mas lutava contra a depressão. Tinha um humor instável. Era impulsivo, fazia apostas. Não tinha talento para matemática. Durante toda a vida, ele perdeu uma quantidade enorme de dinheiro fazendo investimentos ruins. Em 1935, Churchill gastou o equivalente a mais de 60 mil dólares em álcool – em um ano. Um mês após se tornar primeiro-ministro, ele estava falido.

Temos aqui um sujeito com pouquíssimo bom senso, péssimo em matemática, que não sabia organizar a própria vida. E de quem ele se torna melhor amigo? De um homem disciplinado, quase fanaticamente consistente. Um homem que comia as mesmas três coisas em cada refeição, todos os dias. Um homem tão à vontade com números que, quando criança, lia jornais e repetia uma infinidade de estatísticas de cabeça.

Churchill armazenou todos os pensamentos ligados ao mundo quantitativo no cérebro de Lindemann. E, ao se tornar primeiro-ministro em 1940, pouco depois da guerra estourar, o levou consigo. Lindemann trabalhou no gabinete de Churchill como um tipo de guardião da sua mente. Os dois iam a conferências juntos. Jantavam juntos. Lindemann só bebia quando comia com Churchill, que adorava beber. Aí ele cedia. Nos fins de semana, visitavam a casa de campo do primeiro-ministro. As pessoas os viam às três da manhã, sentados diante da lareira acesa, lendo o jornal.

Como Snow explicou: "Era uma amizade completamente verdadeira e muito profunda, e os dois pagaram um preço por ela. Quando Lindemann se tornou muito malvisto por outros companheiros próximos de Churchill, Winston nunca cedeu. Tentaram se livrar de Lindemann, mas Churchill não quis saber."

Para Churchill, Lindemann era mais persuasivo do que nunca quando se tratava de bombardeios. O físico era grande entusiasta da ideia de que a forma mais certeira de acabar com a determinação do inimigo seria bombardeando suas cidades indiscriminadamente. Pois bem, Lindemann tinha alguma prova que sustentasse essa teoria? Não. Na verdade, esse era o propósito da palestra de C. P. Snow – mostrar que esse homem da ciência, esse intelectual brilhante, inventara e distorcera fatos para embasar sua posição:

> Ninguém nunca havia pensado na melhor maneira de usar a força dos bombardeiros. Era apenas um ato de fé, uma maneira de travar uma guerra. E acho que seria justo dizer que Lindemann era, com sua extrema intensidade habitual, tão comprometido com essa crença quanto qualquer um na Inglaterra. Já em 1942, ele estava determinado a colocá-la em ação.

Nos Estados Unidos, na Air Corps Tactical School, a Máfia dos Bombardeiros sonhava com um mundo em que as bombas fossem usadas com uma precisão impressionante. Lindemann fazia questão de promover a abordagem oposta – e a única explicação que Snow conseguiu conceber para isso é pessoal. O homem não passava de um sádico. Ele sentia prazer em reduzir as cidades do inimigo a montanhas de destroços: "Pairava sobre Lindemann uma nuvem de mal-estar indefinido. Dava para sentir que ele não entendia bem a própria vida, que não sabia lidar com as coisas importantes. Ele era venenoso, tinha a língua afiada, um senso de humor malicioso, cruel. De certa forma dava para sentir que ele estava perdido."

Um dos biógrafos de Lindemann escreveu: "Ele não pensava duas vezes antes de usar argumentos que sabia serem inválidos para vencer oponentes profissionais."

E isto foi o que um amigo disse sobre o físico: "De fato, faltava a ele a conexão da solidariedade humana pelas pessoas aleatórias com quem não tinha um relacionamento próximo." Certa vez, perguntaram a Lindemann qual era sua definição de moralidade, e ele respondeu: "Para mim, uma ação moral é aquela que traz vantagens aos meus amigos."

Bem, é isso aí. *Para mim, um bombardeio moral é aquele que traz vantagens ao meu amigo Winston Churchill.* Foi então que Lindemann escreveu para o primeiro-ministro um dos seus famosos memorandos. Snow descreveu o documento da seguinte forma:

> O texto sugeria que a Inglaterra devia investir todos os seus recursos para produzir bombardeiros, treinar tripulações para bombardeios e usar todos esses bombardeiros e tripulações para bombardear as casas das classes trabalhadoras da Alemanha. Ele descrevia em termos quantitativos os resultados de um ataque... O cálculo era que, usando a força total, daria para destruir metade das casas da classe

trabalhadora em todas as metrópoles da Alemanha. Isso totaliza 50% das cidades com população acima de 50 mil pessoas em um período de 18 meses. De acordo com Lindemann, 50% das casas deixariam de existir.

Então Lindemann convenceu Churchill. E Churchill nomeou Arthur Harris – o homem que hospedou Ira Eaker quando ele chegou à Inglaterra – para comandar a esquadrilha britânica de bombardeiros. E Arthur Harris era um psicopata. Seus próprios subordinados o chamavam de Açougueiro Harris.

Em uma das suas principais declarações após assumir o posto, Harris citou Oseias, um dos profetas mais deprimentes do Antigo Testamento: "Os nazistas entraram na guerra com a ilusão muito infantil de que iriam bombardear todo mundo e ninguém os bombardearia de volta... Eles semearam o vento, e agora vão colher a tempestade."

Pouco depois de assumir o comando das operações de bombardeio britânicas, Harris organizou um ataque em massa contra a cidade de Colônia. Um bombardeio noturno, porque é claro que não precisavam enxergar os alvos, não é? Harris enviou mil bombardeiros para a Alemanha, e eles jogaram bombas por todo lado. No fim, a campanha da RAF acabou com 90% do centro de Colônia, quase 25 quilômetros quadrados no total. Mais de 3 mil casas foram destruídas.

Certa vez, durante a guerra – reza a lenda –, Harris foi parado pela polícia por excesso de velocidade. O policial disse: "O senhor estava dirigindo rápido demais, pode acabar matando alguém." Harris respondeu: "Já que você mencionou, o meu trabalho é mesmo matar gente: alemães."

Anos mais tarde, em 1977, Harris foi entrevistado na rádio das Forças Armadas britânicas. Ele teve 30 anos para pensar em suas ações.* Porém, ao falar de uma de suas missões mais infames, quando seus bombardeiros reduziram a cidade de Dresden a escombros, não havia qualquer sinal de remorso:

> Bem, é claro que as pessoas gostam de dizer: "Ah, pobre Dresden, aquela cidade bonita. Lá só tinha fábricas daquelas lindas estátuas de porcelana de pastorinhas de ovelhas com saias cheias de babados." Mas a verdade é que aquele era o último... centro de governo viável para a Alemanha. E também era o último caminho que ligava o norte e o sul para os contingentes alemães escaparem dos avanços do Exército russo, e do nosso.

Pelo visto, para evitar que tropas passassem por Dresden, Harris ordenou que seus bombardeiros destruíssem 6 quilômetros quadrados do centro da cidade e matassem mais de 25 mil civis ao longo de três dias. Quando lhe perguntaram por que ele atacou civis e não instalações militares, Harris questionou a pergunta:

> Nosso objetivo não era acertar a população civil. O objetivo era atacar a produção de tudo que permitia que as tropas alemãs continuassem na guerra. Essa era a ideia por trás dos bombardeios. Inclusive, como eu disse, a destruição de fábricas de submarinos e da indústria armamentista por toda a Alemanha e das pessoas que trabalhavam nelas. Na minha opinião, eram todos soldados da ativa. Pessoas que

---

* Em 1969, Kurt Vonnegut publicou seu romance *Matadouro cinco*. Apesar de o livro ser classificado como ficção científica, ele é amplamente baseado na experiência de Vonnegut como prisioneiro de guerra americano em Dresden durante a campanha de bombardeios da RAF. O livro passou 16 semanas na lista dos mais vendidos do *The New York Times*.

trabalhavam na produção de munições deviam esperar ser tratadas como soldados. Senão, como saber o limite?

Na minha opinião, eram todos soldados da ativa. Crianças. Mães. Idosos. Enfermeiras em hospitais. Pastores em igrejas. Quando você decide literalmente dar um tiro no escuro e não mirar em nada específico, já ultrapassou o limite. E então precisa convencer a si mesmo de que não existe diferença entre soldados e crianças, mães e enfermeiras em hospitais.

Toda a ideia por trás da Máfia dos Bombardeiros, seu motivo para existir, era o desejo de não ultrapassar esse limite. O propósito não era apenas defender um argumento tecnológico. Eles também defendiam um argumento moral sobre como travar guerras. O mais importante sobre Carl Norden, o padrinho do bombardeio de precisão, não era o fato de ele ser um engenheiro brilhante ou um completo excêntrico. Mas o fato de ser um cristão devoto.

Como explica o historiador Stephen McFarland:

> Você pode se perguntar: se ele achava que estava agindo a serviço da humanidade, por que desenvolver miras para ajudar pessoas a jogar bombas? E o motivo é que ele acreditava de verdade que, ao melhorar a precisão dos bombardeios, poderia salvar vidas.
>
> Norden realmente acreditava no que o Exército e a Marinha lhe diziam. Que iriam destruir o maquinário de guerra, não as pessoas da guerra. Que não fariam como [fizeram] na Primeira Guerra Mundial, quando milhões de soldados foram massacrados. Que tentariam não abater milhões de civis. Eles só queriam explodir fábricas e o maquinário de guerra. E Norden acreditou nisso. Essa era parte da sua filosofia básica de vida, do seu cristianismo.

Então, para o comandante-geral Ira Eaker, aquela viagem noturna a Casablanca para salvar os bombardeios de precisão era o ato mais importante da sua vida em termos morais. E, ao voltar à sua base aérea na Inglaterra, ele disse: "Precisamos de um novo plano para a guerra na Europa, um que mostre aos britânicos que existe uma forma melhor de travar batalhas pelo ar." E quem ele escolheu para pensar nesse plano? Haywood Hansell, agora general Hansell, uma das mentes mais brilhantes entre os jovens da Força Aérea do Exército dos Estados Unidos. O mesmo Hansell que, no futuro, perderia seu emprego de repente para Curtis LeMay, na ilha de Guam.

CAPÍTULO QUATRO

"O mais convicto dos adeptos convictos"

1.

Haywood Hansell vinha de uma família aristocrática militar do Sul. Seu tetravô, John W. Hansell, serviu nas tropas da Revolução Americana. Seu trisavô, William Young Hansell, foi oficial do Exército na Guerra Anglo-Americana. Seu bisavô foi general dos Confederados, e seu avô, um oficial confederado. E seu pai foi um cirurgião do Exército que ia jantar de terno de linho branco e chapéu-panamá. Haywood gostava de carregar um bastão curto por aí, como era o hábito dos oficiais do Exército britânico. Todo mundo o chamava de Gambá, seu apelido de infância.

Hansell era magro e baixo – um dançarino habilidoso, um poeta, fã das operetas de Gilbert e Sullivan. Seu livro favorito era *Dom Quixote*. Ele colocava a aviação em primeiro lugar, o polo em segundo e a família em terceiro, bem longe dos outros dois. Certa vez, no começo do seu casamento, reza a lenda que ele escutou um bebê chorando e se virou para a esposa. "Pelo amor de Deus, o que é isso?" "O seu filho", respondeu ela. Na sua última missão como piloto de combate, num bombardeio sobre a Bélgica, Hansell distraiu a tripulação exausta com a sua versão de uma música popular nas salas de recreação, "The Man on the Flying Trapeze". Pegando emprestadas as palavras de C. P. Snow, Hansell era o tipo de figura que faria coçar os dedos de um romancista.

Durante a guerra, as unidades de combate eram obrigadas a informar a imprensa sobre suas conquistas, para seus compatriotas em casa acompanharem o progresso das batalhas. Mas os comunicados militares tendiam a ser tão carregados de eufemismos, elaborações e verdades melhoradas que, se fossem colocados sobre qualquer copo de água, afundariam no mesmo instante. Em contraste, veja este comunicado de dezembro de 1944 para a imprensa, ditado por Hansell na sua base em Guam. Ele escreveu: "Não colocamos todas as nossas bombas exatamente onde gostaríamos e, portanto, não estamos nem de longe satisfeitos com nosso progresso até agora. Ainda estamos na fase experimental inicial. Temos muito que aprender e muitos problemas operacionais e técnicos para solucionar."

Temos muito que aprender. Hansell era assim: de uma sinceridade inabalável, um pouco ingênuo, mas, no fundo, um romântico em todos os sentidos. Certa vez, enquanto estava alocado em Langley Field, na Virgínia, ele passou por uma moça na recepção de um hotel – a Srta. Dorothy Rogers, de Waco, Texas. Hansell imediatamente levou a mulher com quem estava de volta para a casa dela, retornou ao hotel e se convidou para jantar com a moça e sua tia. Dorothy Rogers o achou cansativo. Hansell a achou encantadora. Ela voltou para o Texas. Ele passou quase um ano inteiro lhe escrevendo todos os dias. Ela respondeu duas ou talvez três das cartas. Eles se casaram em 1932.

Faz sentido que o livro favorito de Hansell fosse *Dom Quixote*. Dom Quixote é o cavaleiro galante que se destaca por sua cruzada incansável e corajosa para trazer de volta o cavalheirismo. Ele atacava moinhos de vento, sofria privações intermináveis, lutava contra inimigos imaginários. Dom Quixote teria escrito mil vezes para uma mulher que mal conhecia, mesmo que ela praticamente o ignorasse. Mas é uma escolha estranha para um militar, não é? O cavaleiro persegue um ideal que nunca se concretiza. Porque se baseia em uma ilusão. Ele acha que ajuda a tornar o mundo um lugar melhor, mas, na verdade, não faz nada disso. Vejamos esta passagem de *Dom Quixote*, que Haywood Hansell, em seus longos anos de aposentadoria após a humilhação em Guam, deve ter lido e com a qual deve ter se identificado, envergonhado:

> Em resumo, [Dom Quixote] acabou ficando tão perdido em suas leituras que passou a ler a noite inteira, do pôr do sol ao amanhecer, e o dia inteiro, da aurora ao crepúsculo. Assim, com tão pouco sono e com tanta leitura, seu cérebro secou e ele perdeu o juízo. Encheu a cabeça com todas as fantasias que encontrava nos livros, desde encantamentos a brigas, batalhas, desafios, feridas, galanteios, amores, tormentas e disparates impossíveis. Sua mente foi tomada pela ideia de que todos os sonhos e invenções sobre os quais lia eram verdade e, para ele, não havia história no mundo que fosse mais real.

Essa é uma descrição que caberia bem a Haywood Hansell.

Em 1931, quando era um jovem tenente, Hansell foi enviado para Maxwell Field. Foi nomeado instrutor na Air Corps Tactical School em 1935 e se destacou rápido como uma das mentes mais afiadas da escola. Quando Ira Eaker precisou de alguém para defender – contra o ceticismo dos britânicos – a doutrina do bombardeio de precisão em grande altitude à luz do dia, não havia dúvida de quem seria o escolhido. Aquela era uma missão para Haywood Hansell, o mais convicto dos adeptos convictos.

2.

Durante uma palestra em 1967, Hansell descreveu o primeiro problema que enfrentou: "A escolha dos alvos em si é uma questão muito complexa, um esforço para avaliar o efeito que a destruição de uma indústria específica teria na capacidade da Alemanha de travar guerras."

Ele precisava encontrar um alvo que os bombardeiros americanos na Inglaterra conseguissem alcançar e destruir com facilidade. Algo tão fundamental para o esforço de guerra nazista que sua perda faria os alemães *sofrerem*. E precisava ser um ponto específico. Não fazia sentido atacar pontes de trem sobre o Reno, por exemplo, a principal via navegável da Alemanha. Há dezenas e dezenas de pontes sobre o Reno, espalhadas por centenas de quilômetros. Acertar todas seria um pesadelo logístico.

Então Hansell ficou sabendo do que aconteceu quando os alemães bombardearam uma fábrica de motores de avião da Rolls-Royce na cidade inglesa de Coventry. O ataque foi parcialmente bem-sucedido, pois explodiu as claraboias do prédio, deixando o interior da fábrica exposto ao clima. Como ele descreveu: "Choveu, e milhares de rolamentos enferrujaram e não puderam ser usados. A produção dos motores foi interrompida em um momento em que era extremamente necessária. Ficou bem óbvio que as máquinas rotativas eram extremamente dependentes da indústria de rolamentos."

Hansell se perguntou se os rolamentos poderiam ser o calcanhar de aquiles da Alemanha.

Por que rolamentos, especificamente? Porque eles são essenciais para qualquer aparelho mecânico. Bolinhas minúsculas de metal cobertas de lubrificante e encaixadas em um anel de aço. Dentro do eixo de uma bicicleta, por exemplo, talvez haja uma dezena de rolamentos, agindo como minicilindros de aço e permitindo que a roda gire livremente. Uma boa bicicleta de estrada custa caro e inclui alguns materiais sofisticadíssimos da era espacial. Porém, sem os rolamentos baratinhos de cinco milímetros, ela não funciona. Ela literalmente não anda. O mesmo vale para o motor do seu carro. E para quase todo objeto mecânico com uma peça rotatória.

Os rolamentos foram um problema importante para Carl Norden durante a criação dos seus primeiros protótipos. A mira era um computador mecânico feito de dezenas de partes móveis e, para os cálculos serem precisos, cada uma precisava girar numa posição exata. Assim, se ele usasse rolamentos de tamanhos diferentes ou que não fossem completamente lisos, a mira inteira seria inútil.

O historiador Stephen McFarland explicou como Norden lidou com a questão: "[Ele] pagou dezenas de pessoas para passar um dia – talvez dois ou três – polindo um rolamento. Elas tiravam medidas a cada 20 segundos para se certificar de que estava completamente redondo."

O problema, conta McFarland, é que, após o início da guerra, Norden de repente tinha que produzir milhares de miras. O que significava que não havia tempo para polir rolamentos à mão.

> Então Barth, seu sócio, que era o cara da produção, teve uma ideia muito interessante. Ele ia às empresas e dizia: "Quero que você produza centenas de milhares de rolamentos." Então pagava às pessoas para medir cada um. E quando encontravam um rolamento perfeito ou que seguisse as medidas de tolerância, o separavam para usar na mira. E talvez precisassem procurar 1 entre 50, 60, 100 outros rolamentos, que jogariam fora, porque saía mais barato fazer assim.

Os rolamentos eram cruciais para todos os aspectos da guerra moderna. E onde ficava a indústria de rolamentos da Alemanha? A maioria das fábricas se concentrava em uma cidade medieval da Baviéria chamada Schweinfurt. Cinco instalações separadas, funcionando 24 horas por dia, empregando milhares de pessoas, produziam um milhão de rolamentos por mês para o maquinário de guerra alemão.

Schweinfurt era um sonho da Máfia dos Bombardeiros. Nas palavras de Tami Biddle:

> Se aquele alvo fosse destruído, havia o potencial de acabar com toda a economia de guerra da Alemanha. Era isso que os americanos buscavam, e eles acreditavam que os rolamentos podiam ser o alvo perfeito.
>
> É como tirar a carta na base de um castelo de cartas e ver a estrutura toda desabar, ou puxar um fio da teia de aranha e desfiar tudo. Os americanos achavam que fariam isso. Mais uma vez, o plano era muito ambicioso. Ele se baseava em suposições que não tinham sido provadas, mas eram muito auspiciosas.

Os estrategistas da Força Aérea do Exército bolaram um dos planos mais engenhosos da guerra: um ataque em duas partes. O evento principal envolveria 230 bombardeiros B-17 enviados para as fábricas de rolamento de Schweinfurt.

Porém, para que o evento principal fosse possível, precisaria haver uma distração. Pouco antes de os B-17s partirem para Schweinfurt, outra esquadrilha de bombardeiros iria para Regensburg, uma pequena cidade a sudeste. Os alemães produziam seus caças Messerschmitt lá. A ideia era que o ataque contra Regensburg atrairia a defesa dos alemães – ocupando-os, distraindo-os – e deixaria a barra limpa para o grupo de bombardeiros direcionados a Schweinfurt. Os aviões em Regensburg seriam a isca.

E quem eles escolheram para comandar esse segundo elemento crucial e sorrateiro do ataque a Schweinfurt? O melhor comandante de combate que tinham: um jovem coronel da Força Aérea do Exército chamado Curtis Emerson LeMay.

3.

Curtis LeMay vinha de um bairro pobre de Columbus, Ohio, e era o mais velho de uma grande família com problemas financeiros. Ele bancou os próprios estudos de engenharia na universidade Ohio State, trabalhando à noite em uma oficina de fundição. Assim que saiu da faculdade, se alistou no Exército – e sua carreira no Corpo Aéreo foi meteórica. Capitão aos 33 anos, depois major, coronel, general de brigada e, aos 37, major-general.

LeMay era obstinado. Ele tinha uma cabeça grande e quadrada e usava o cabelo triunfantemente repartido quase no meio. Era um brilhante jogador de pôquer. Um exímio atirador. Sua mente só pensava à frente, sem nunca desviar do foco. Ele era racional, imperturbável, incapaz de duvidar de si mesmo.

Veja esta transcrição de uma entrevista de 1943. LeMay estava na Inglaterra, comandando o 305º Grupo de Bombardeio. Ele tinha acabado de aterrissar após liderar seus homens em uma missão.

Pergunta: Coronel LeMay, como foi a viagem hoje?
LeMay: Bom, foi ótima, só um pouco tediosa em comparação com algumas que já fizemos. Não havia caças no ar e o fogo antiaéreo foi moderado e pouco preciso.

Uma equipe de filmagem fora entrevistar seus aviadores após a missão. Os homens riam, animados. Uma equipe de filmagem! Essa era a chance de brilhar. LeMay – baixinho, com o peito largo, combativo – encarava a câmera, inexpressivo. Aquele ataque em meio ao território inimigo? *Foi um pouco tedioso.*

Pergunta: A formação que o senhor divulgou ontem à noite – ela foi seguida na viagem, então?
LeMay: Sim, voamos na mesma formação que planejamos ontem à noite.
Pergunta: E quanto ao seu oficial bombardeiro – ele trabalhou bem?
LeMay: Ele trabalhou 100% como de hábito. [*risada*]
Pergunta: O major Preston aqui – ele executou bem suas tarefas?
LeMay: Sim, ele foi muito eficiente, como sempre é.

LeMay fala sem qualquer entonação. Sem elaborar as respostas. É seguro dizer que o coronel não cantava "The Man on the Flying Trapeze" para os seus tripulantes.

Pergunta: E os homens – eles cumpriram seu dever?
LeMay: A equipe é adequada.
Pergunta: Em outras palavras, o senhor não tem do que reclamar.
LeMay: Não tenho nada do que reclamar.

Não tenho nada do que reclamar. Curtis LeMay não era do tipo que reclamava – não para alguém de fora, pelo menos. Se a equipe de filmagem tivesse entrevistado Haywood Hansell, ele teria falado de um jeito eloquente, feito algumas piadas autodepreciativas e depois convidado todo mundo para tomar uma bebida no alojamento. Hansell era o oposto de LeMay.

Quando estava em Maxwell Field, antes da guerra, Hansell fazia parte de um grupo de pilotos audaciosos liderados por Claire Chennault, um ás da aviação. Eles executavam manobras impressionantemente perigosas em aeronaves que não eram projetadas para esse tipo de aventura. O próprio Hansell admitia que era um milagre ter sobrevivido. Era de se *esperar* que ele entrasse em um grupo desse tipo. Isso combinava com seu ar romântico. LeMay? Ele não tinha nada de romântico.

Russell Dougherty, um dos seus colegas generais na Força Aérea, adorava contar uma história sobre quando, anos depois, um novo avião chamado FB-111 foi apresentado a LeMay:

> As reuniões duraram uns dois dias e meio. Finalmente, as apresentações acabaram, e LeMay não deu um pio. Ele só ficou sentado lá. Depois que transmitiram todas as informações, o general disse: "É só isso?" "Sim, senhor! É só isso." Ele levantou, falou que não era grande o suficiente e foi embora. Esse foi seu único comentário.

Uma apresentação de dois dias e meio dispensada com cinco palavras.

No outono de 1942, LeMay foi para a Grã-Bretanha com a 8ª Força Aérea. Ele liderava um esquadrão de bombardeiros B-17 baseado nos arredores de Chelveston. E imediatamente deixou sua marca.

Aqui vai um exemplo: se você fosse comandar uma esquadrilha de bombardeiros B-17 bem no meio do território inimigo para fazer um bombardeio de precisão a 6 mil metros de altitude, como se protegeria das aeronaves inimigas? Os bombardeiros tinham armas e eram blindados, mas logo se tornou óbvio, quando as trocas de tiros começaram, que isso não bastava. Então LeMay bolou algo chamado formação de caixa de combate – um grupo de bombardeiros voando juntos para se defenderem com mais facilidade de ataques. A ideia logo foi adotada por toda a 8ª Força Aérea. Então ele passou a se concentrar em um problema ainda maior: seus pilotos.

Como ele explicou em uma entrevista muito tempo depois de se aposentar: "Era muito evidente que nossos bombardeios não eram dos melhores."

Bombardeiros têm câmeras para tirar fotos, chamadas de fotografias de ataque, da área em que as bombas caem. E, quando LeMay olhava as imagens após a tripulação voltar para a base, via que as bombas acertavam tudo *menos* o alvo. "Não apenas os alvos permaneciam intactos, como não tínhamos registros de onde as bombas realmente caíam. Havia fotografias dos ataques, é claro, mas não dava para localizar metade das bombas lançadas em terra."

O problema era que os pilotos não estavam voando direto para os alvos. Eles acreditavam que isso os deixaria muito expostos ao fogo antiaéreo, porque a artilharia inimiga no solo simplesmente estimaria a velocidade e a altitude da aeronave e miraria de acordo. Eles então faziam manobras evasivas, voando diretamente para o alvo só nos últimos segundos antes do bombardeio. E era por isso que as bombas caíam no lugar errado. Como o oficial bombardeiro responsável pela mira faria seu trabalho se o avião só ficava alinhado com o alvo no último segundo?

LeMay explicou: "Alguma coisa precisava ser feita para dar ao bombardeiro a chance de acertar o alvo. Isso significava um tempo de voo mais prolongado, para lhe dar tempo de nivelar a mira."

Para ele, havia apenas uma opção. Os pilotos precisavam *parar* de fazer manobras evasivas. Eles tinham que voar direto, por cima do alvo. Isso ia diretamente contra o que os recrutas aprendiam. "Todo mundo com quem eu conversava que já havia participado de combates acreditava que, se você fizesse isso, seria derrubado pela artilharia antiaérea", disse ele.

Porém isso não passava de uma opinião. LeMay era um empiricista. Ele resolveu estudar manuais antigos de artilharia e fez alguns cálculos. Quantos tiros de artilharia antiaérea seriam necessários para derrubar um B-17? Segundo ele: "Creio que seriam necessários 377 tiros para derrubá-lo. Para mim, não parecia tão ruim."

A artilharia antiaérea precisaria disparar 377 tiros se quisesse deter um bombardeiro B-17 voando direto para o alvo. Trezentos e setenta e sete tiros é muita munição, então voar direto seria um risco, mas não um risco absurdo.

Então LeMay disse: "Vamos tentar. Vamos voar direto. Uma abordagem de sete minutos, em linha reta, em velocidade estável." E se parecia uma ideia suicida – e parecia mesmo para todos os seus pilotos –, ele acrescentou: "Vou ser o primeiro a tentar." Em 1942, durante um ataque sobre Saint-Nazaire, na França, LeMay seguiu na frente. Ele não fez manobras evasivas. E o que aconteceu? Sua esquadrilha acertou no alvo o dobro de bombas do que qualquer outra missão antes. E não perdeu nem uma aeronave.

Robert McNamara, que depois se tornaria secretário de Defesa durante a Guerra do Vietnã, fazia cálculos de análise para a Força Aérea do Exército durante a Segunda Guerra Mundial. No brilhante documentário *Sob a névoa da guerra*, dirigido por Errol Morris, ele descreveu o que LeMay disse após saber que muitos pilotos estavam amarelando:

> Ele foi o melhor comandante de combate de qualquer força que encontrei na guerra. Mas era bastante agressivo

e, na opinião de muitos, brutal. Ele deu uma ordem. Disse: "Estarei no primeiro avião em toda missão. Todas as aeronaves que decolarem vão passar por cima do alvo ou a tripulação vai ser presa por insubordinação." Bem, ele era esse tipo de comandante.

A Máfia dos Bombardeiros era formada por teóricos, intelectuais que se convenceram dos próprios planos nos anos antes da guerra, na segurança de Montgomery, no Alabama. Porém Curtis LeMay era alguém que conseguia colocar as teorias em prática.

Como ele disse sobre a primeira missão sem manobras evasivas: "Admito certa inquietação da minha parte e de algumas outras pessoas a bordo quando executamos o primeiro bombardeio direto, mas deu certo."

Admito certa inquietação, disse ele. Só isso!

4.

Mais uma história sobre LeMay, porque o fascínio que as pessoas têm por ele – certo, o fascínio que eu tenho por ele – não é pelo fato de ele ser um extraordinário comandante de combate. Havia muitos comandantes excelentes na Segunda Guerra. O fascínio vem da profundidade insondável da sua personalidade – da sensação de que ele não compartilhava dos mesmos limites que as pessoas normais, o que, de certa forma, é empolgante, porque significa que ele era capaz de conquistas inimagináveis. Porém, ao mesmo tempo, isso era algo que deixava as pessoas hesitantes. Pense na palavra que McNamara usou para descrever LeMay: *brutal*. E não é como se o próprio McNamara fosse um fofo. Anos depois, ele seria responsável pelo bombardeio de saturação do Vietnã do Norte. Mas LeMay fazia com que *ele* hesitasse.

A história que deu início à fama de LeMay no meio militar ocorreu em 1937, quando a possibilidade de guerra na Europa se tornava cada vez mais real. O Corpo Aéreo do Exército queria uma oportunidade para praticar suas técnicas de bombardeio. Um treinamento no mundo real, mas com bombas de mentira: cápsulas de 20 quilos cheias de água. LeMay falaria sobre esse exercício anos depois: "A Força Aérea luta para contribuir com a defesa do país desde que me alistei. Ninguém prestava muita atenção nela... Queríamos um exercício para jogar bombas em um navio de guerra. Para encontrar o navio de guerra."

Para o treinamento dar certo, o Corpo Aéreo do Exército precisava da ajuda da Marinha. Pediram para esconderem um navio de guerra no oceano. As coordenadas seriam divulgadas em cima da hora e os bombardeiros teriam que encontrá-las. Isso foi antes da existência de radares sofisticados e auxílios de navegação. Para achar o navio, seria necessário vê-lo com os próprios olhos e depois acertar seu convés estreito com uma bomba, lançada a milhares de metros de altura – tudo isso voando a centenas de quilômetros por hora.

A Marinha não gostou muito da ideia.

"Eles acabaram concordando com o exercício. E decidiram fazê-lo em agosto, na Costa Oeste. Veja bem, a Costa Oeste em agosto é só nevoeiro por milhares de quilômetros. E tenho certeza de que escolheram essa época de propósito", disse LeMay.

Como encontrar um navio de guerra em meio a milhares de quilômetros de neblina? Para piorar a situação, a Marinha mudou as regras. O acordo era que o treinamento duraria 24 horas – de meio-dia do primeiro dia até meio-dia do segundo. Mas as coordenadas do navio – o USS *Utah* – só foram transmitidas no fim da primeira tarde. E estavam erradas. Havia uma diferença de quase 100 quilômetros. Mil e seiscentos quilômetros de neblina. Instruções atrasadas. Orientações falsas. Seria mais fácil encontrar uma agulha em um palheiro.

Dez para o meio-dia – no último instante –, LeMay encontrou o navio e jogou suas bombas. Ora, é claro que ele encontrou o navio. A determinação de LeMay tornava qualquer coisa possível. A questão não era essa. A questão era o que estava acontecendo pouco antes de ele jogar as bombas.

A Marinha tinha certeza de que não encontrariam o navio, então não tomou precauções. Os marinheiros seguiam sua rotina. Eles deveriam se proteger do bombardeio. E isso não aconteceu.

O que LeMay fez? Bombardeou o *Utah* assim mesmo, lançando bombas de 20 quilos de água nos marinheiros.

Como ele contou: "Todos se jogaram nas pranchas, nas escotilhas. E ouvimos boatos de que algumas pessoas se machucaram levemente."

Em sua biografia, LeMay se recorda de ter ouvido falar que alguns marinheiros morreram durante o exercício, e então escreve: "Eu me lembro de observar a primeira bomba, que explodiu no convés. Ela mandou lascas de madeira voando em todas as direções. Eu não sabia que madeira se fragmentava daquele jeito."

Ele não dá importância ao assunto. Sua missão era encontrar o navio, afinal de contas. E ele encontrou. Aliás, que interessante descobrir as consequências físicas do impacto de uma bomba em um convés de madeira.

Conrad Crane, chefe dos serviços históricos do Army Heritage and Education Center (Centro de Patrimônio e Educação do Exército), em Carlisle Barracks, e antigo diretor do US Army Military History Institute (Instituto de História Militar do Exército dos EUA), diz que LeMay foi o maior comandante aéreo da história:

Ele era um líder dinâmico: compartilhava as dificuldades de seus aviadores. Era o melhor navegador que a Força Aérea tinha, era um ótimo piloto, entendia de mecânica. Conhecia os aspectos técnicos tão bem quanto os aspectos de liderança daquilo que fazia. Ele era o principal solucionador de problemas da Força Aérea.

Mas era um desses caras que, se você lhe desse uma questão para solucionar, seria melhor não fazer muitas perguntas sobre seus métodos.

Então imagine o raciocínio da Máfia dos Bombardeiros no verão de 1943. Os homens precisavam validar teorias formuladas na Air Corps Tactical School. Precisavam dar um golpe fatal no maquinário de guerra dos nazistas. Precisavam provar que os rolamentos eram o ponto de estrangulamento crucial para a infraestrutura militar alemã. O ataque a Schweinfurt seria a melhor chance de mostrar que a sua maneira de travar uma guerra aérea era superior à dos britânicos. Quem você escolheria para *planejar* a missão? Haywood Hansell, é claro, o sumo-sacerdote de Maxwell Field – um dos melhores. Mas quem você escolheria para *liderar* a parte mais difícil da missão – a operação falsa em Regensburg? Não havia outra opção.

Em um filme chamado *The Air Force Story* (A história da Força Aérea), o narrador descreve a cena: "Amanhecer, 17 de agosto de 1943. Inglaterra... O 8º Comando de Bombardeiros preparou 376 B-17s para os dois alvos mais importantes de sua lista: as fábricas de rolamentos em Schweinfurt e a fábrica de aeronaves Messerschmitt em Regensburg, ambas no coração da Alemanha."

A história dos aviadores também é contada em primeira pessoa:

Quando entregamos nossos objetos pessoais, já estava amplamente entendido que o ataque duplo causaria uma batalha aérea custosa em grande escala. Em todas as capelas na Inglaterra, a maioria dos homens se voltava para seus pastores, rabinos ou padres... E, nesse dia, nossa missão envolvia a infiltração mais profunda já tentada em território alemão. E a maior força de bombardeiros enviada até então.

CAPÍTULO CINCO

"O general Hansell estava perplexo"

1.

As ordens que Curtis LeMay recebeu na véspera do ataque a Schweinfurt determinavam que liderasse uma complexa missão de distração. Ele decolaria com a 4ª Ala de Bombardeios – uma esquadrilha de aviões B-17. E seguiria para as fábricas de aeronaves Messerschmitt em Regensburg.

A ideia era que o grupo de LeMay faria com que os alemães se distraíssem defendendo as fábricas da Messerschmitt. E então eles continuariam voando, atravessando os Alpes até o norte da África, na esperança de afastar os caças alemães o máximo possível dos recantos da Baviária onde ficavam as fábricas de rolamentos.

Como LeMay lembraria mais tarde: "Nós chegaríamos, atingiríamos Regensburg e seguiríamos pelo passo do Brennero, sem ter que lutar para sair. Enfrentaríamos o impacto da força dos caças alemães só na chegada."

Então a esquadrilha do bombardeio real, a 1ª Ala de Bombardeios, entraria em ação.

Como LeMay explicou: "Eles ficariam praticamente livres, porque os caças alemães estariam ocupados contra a [4ª Ala de Bombardeios]... e então teriam que voltar ao solo para reabastecer. Mas depois precisariam lutar para entrar e para sair."

LeMay, sendo LeMay, muito antes da data marcada para o ataque, começou a se preocupar com o clima. Ele decolaria da base na Grã-Bretanha, a terra do nevoeiro e da neblina. Então, nas semanas que precederam o bombardeio, ele e sua tripulação ficaram treinando decolagens sem visibilidade, todos os dias.

Como esperado, na manhã da missão, 17 de agosto, a neblina estava terrível. Segundo ele: "Estava horrível na Inglaterra. Na verdade, quando saímos naquela manhã, tiveram que pegar lanternas e lamparinas e guiar os aviões do lugar onde estavam estacionados no fim da pista."

LeMay e seus homens partiram na escuridão. Quando entraram na zona ocupada da França, os caças alemães começaram a surgir de trás das nuvens, e a 4ª Ala de Bombardeios aprendeu o que significava ter a coragem de entrar no coração da defesa aérea da Alemanha.

Um dos pilotos de LeMay, Beirne Lay, escreveu um artigo para o *Saturday Evening Post* alguns meses mais tarde, descrevendo o ataque a Regensburg. E é angustiante.

> Um retângulo prateado brilhante passou voando pela nossa asa direita. Entendi que era uma porta. Segundos depois, uma forma escura foi arremessada pela formação, quase acertando várias hélices. Era um homem, apertando os joelhos contra a cabeça, girando feito um mergulhador em meio a um salto mortal triplo, passando tão perto de nós que vi um pedaço de papel escapar da sua jaqueta de couro... Agora que estávamos sob ataque constante por mais de uma hora, parecia certo que nossa esquadrilha estava fadada ao extermínio. O céu permanecia cheio de caças decolando. Ainda faltavam 35 minutos para o alvo. Duvido que houvesse um homem no grupo que imaginasse

a possibilidade de chegarmos muito mais longe sem uma perda de 100%.

Lay descreve outro avião em seu grupo que foi atingido seis vezes. Um projétil de 20 milímetros penetrou a lateral direita da aeronave e explodiu embaixo do piloto, ferindo a perna de um dos artilheiros. O segundo acertou o compartimento de rádio, cortando as pernas do operador na altura dos joelhos. Ele morreu pela perda de sangue. Um terceiro atingiu o oficial bombardeiro na cabeça e no ombro. Um quarto tiro entrou na cabine, incapacitando o sistema hidráulico do avião. Um quinto acertou os cabos de estabilizador. Um sexto atingiu o terceiro motor, incendiando-o. Isso tudo em apenas um avião. O piloto continuou voando.

Os ataques continuaram por horas antes de a esquadrilha alcançar Regensburg. O único consolo que os aviadores tinham era saber que estavam facilitando o ataque real – o que debilitaria o maquinário de guerra nazista.

Acontece que a missão de distração cuidadosamente elaborada acabou não sendo distração nenhuma. Os pilotos de LeMay conseguiram decolar em meio à forte neblina naquela manhã de agosto porque ele os treinara para esse desafio específico. Ele os testara, uma decolagem atrás da outra. *Usem apenas os instrumentos. Comportem-se como se não conseguissem enxergar nada do lado de fora.* Só que nenhum outro comandante fez isso. Os tripulantes estavam exaustos pelos longos embates contra a Alemanha, arrasados com a perda dos companheiros. Estavam privados de sono, ansiosos, cansados. Sabe como seria difícil para um comandante virar para sua equipe e dizer "Amanhã cedo, às seis, vamos treinar decolagens sem visibilidade por causa da *possibilidade* de neblina em alguma missão futura"?

Só LeMay faria uma coisa dessas. Ele era incansável, insistente. Estava pouco se importando se seus homens reclamariam de fazer um exercício que parecia inútil. Enquanto isso, Haywood Hansell prestava atenção nesse detalhe? Não. Ele havia voltado a Washington, com ideias mais grandiosas.

Então, naquela manhã, os aviões da 1ª Ala de Bombardeios ficaram presos na pista até o tempo melhorar. Eles deviam decolar dez minutos após LeMay. Na verdade, saíram *horas* depois, dando à defesa alemã tempo de se reagrupar e atacar a esquadrilha de Schweinfurt com a mesma violência que investira contra a esquadrilha de Regensburg.

No fim das contas, houve *dois* massacres naquele dia.

Nas palavras de LeMay: "Eu tinha 125 aviões e perdi 24, creio, o que não é tão ruim assim. Mas só fizemos a viagem de ida. Acredito que a 1ª [Ala de Bombardeios], chegando uma hora depois... Os caças alemães tinham aterrissado e voltaram com força total. Eles tiveram que lutar para entrar e para sair também. Perderam uns 50 ou 60 aviões."

Isso era uma perda *descomunal*. Uma força aérea que lançasse ataques como esse de modo regular logo estaria completamente arruinada.

Mesmo em seus registros oficiais, a Força Aérea não conseguiu esconder o desastre. O narrador de *The Air Force Story* explicou a situação:

> A Luftwaffe de Göring se armou com todos os truques. Os B-17s sofreram os golpes mais terríveis desde o começo da guerra... As batalhas nos custaram mais homens e aeronaves em um único dia do que o 8º Comando de Bombardeiros perdeu nos primeiros seis meses de operações na Europa. Nós, que levamos a guerra a 800 quilômetros de

distância, até o coração do inimigo, sabíamos melhor do que qualquer um o preço que ela exigia. Conforme começamos a ser alvejados, nossos artilheiros sentiam toda a Força Aérea Alemã se preparando. Ao voarmos em território inimigo, nos sentimos como peixinhos dourados em um aquário, esperando pelo ataque.
Todos os bombardeiros estavam comprometidos. Não fariam manobras evasivas antes de lançar as bombas. Nesse momento, as formações estavam mais vulneráveis a ataques do que nunca. Não fazia diferença. Nós tínhamos uma missão a cumprir em Schweinfurt. Tínhamos que entregar 400 toneladas de explosivos.

Mas pelo menos a missão destruiu as fábricas de rolamentos em Schweinfurt, debilitando o maquinário de guerra alemão. Certo? Bom, nem tanto.

No filme, os oficiais bombardeiros olham por suas miras. As portas do compartimento de bombas se abrem. Elas caem em cascata. Então vemos a Alemanha, lá embaixo, irrompendo em uma explosão atrás da outra. O narrador continua: "Após atingir 80 vezes as duas principais fábricas de rolamentos, nós podíamos voltar a nos defender. Pelo menos com manobras evasivas contra a artilharia antiaérea e o ataque dos caças. Mas o principal objetivo era voltar para casa depressa."

Duzentos e trinta bombardeiros, cada um carregando entre oito e nove bombas – então digamos que umas 2 mil bombas foram lançadas, no total. E 80 acertaram o alvo. Não parece bem um bombardeio de precisão, não é?

2.

No entanto, o problema básico em Schweinfurt não foi a falha na execução do plano de batalha. Isso era apenas um sintoma. O problema *real* tinha a ver com o alicerce mecânico da ideologia da Máfia dos Bombardeiros: a mira Norden. No fim das contas, no mundo real, a mira não se comportava da mesma maneira que no laboratório de Carl Norden ou nos filmes de treinamento militar. Perguntei ao historiador Stephen McFarland se ela funcionaria em condições ideais. A resposta dele:

> Bem, em teoria, sim, se estivermos falando apenas de uma questão matemática. Mas é preciso ter em mente que, quando engrenagens e polias se movem, elas causam atrito, e não importa quanto os rolamentos sejam polidos, quanto as tolerâncias sejam aperfeiçoadas, a questão do atrito não vai desaparecer. E o menor sinal de atrito significa que o seu equivalente analógico àquela fórmula matemática deu errado. Não vai mais funcionar como deveria.

A mira Norden era um objeto mecânico. Se fosse construída à mão, seria possível garantir que todos os componentes estavam perfeitamente encaixados e todas as medidas de tolerância eram exatas. Porém, quando a guerra começou, os militares precisavam de dezenas de milhares de máquinas.

Como McFarland explica: "Já na saída da fábrica, os óleos começam a engrossar. A 8 mil metros de altitude, a temperatura pode estar 50 graus abaixo de zero. E os óleos que lubrificam as engrenagens e polias vão engrossar, causando um pouco mais de atrito."

Agora imagine esse aparelho temperamental nas mãos de um oficial bombardeiro – um garoto recém-saído do treinamento – em um bombardeio de verdade.

McFarland continua:

> Tem gente atirando em você e os aviões do inimigo se aproximam a 800, 900 quilômetros por hora. Há gritos horríveis, berros, bombas estourando, explosões e tudo mais – os oficiais bombardeiros se encolhiam, se é que posso usar essa palavra. Eles se inclinavam para a frente à medida que iam ficando mais e mais focados em tentar manter o alvo na mira. E quando faziam isso, acabavam mudando o ângulo de visão pelo telescópio... Era impossível.

E ainda não mencionei o fator mais importante de todos: o clima. A Norden dependia da identificação visual do alvo. Você olhava pelo telescópio, encontrava o que queria acertar, e então incluía todas as informações: a direção do vento, a velocidade no ar, a temperatura, a curvatura da Terra, e assim por diante. Mas é claro que, se houvesse nuvens acima do alvo, nada funcionava. Na época antes dos radares sofisticados, não havia como contornar esse problema. Era preciso cruzar os dedos e torcer para um dia de sol. Se você encontrasse nuvens, a missão podia ser abortada. Aliás, isso ainda vale para muitos tipos de drones militares. Eles precisam enxergar o alvo para mirar. Porém era mais comum que seguissem em frente mesmo assim. Não tinha jeito. Se o avião passasse muito tempo esperando na pista, perderia o fator surpresa.

A 8ª Força Aérea decolou em meio à neblina para as fábricas de rolamentos em Schweinfurt. Jogou 2 mil bombas. E, dessas, 80 acertaram o alvo. Não é um número grande o suficiente para destruir um complexo industrial enorme. Quando um funcionário da fábrica de rolamentos Kugelfischer – uma das maiores do país – fez uma inspeção na fábrica após o ataque, viu que o andar superior havia desabado completamente. Havia escombros por todo lado, mas pelo menos metade do maquinário essencial permanecia intacto. O que significava que logo voltariam à ativa. Haywood Hansell achava que tinha encontrado o ponto de estrangulamento clássico – o equivalente daquela fábrica de molas para hélices em Pittsburgh. Mas uma fábrica que pode voltar a funcionar dentro de poucas semanas não é um ponto de estrangulamento.

A melhor estimativa foi que o ataque diminuiu a produção de rolamentos da Alemanha em um terço. Sessenta aviões e 552 aviadores capturados ou mortos para quê? A análise retrospectiva do Exército de suas missões de bombardeio – chamada Inspeção de Bombardeio Estratégico dos Estados Unidos – concluiu depois que "não há indícios de que os ataques contra a indústria de rolamentos tiveram qualquer efeito mensurável na produção de itens essenciais para a guerra".

A tentativa da Máfia dos Bombardeiros de provar a eficácia de sua doutrina foi um desastre, como diz a historiadora Tami Biddle:

> Os americanos falavam muito sobre como seu método, sua técnica e sua doutrina eram superiores, mesmo quando não tinham base alguma para tanta ousadia e confiança, porque nunca tinham provado nada disso.
>
> Eles não haviam feito muita coisa. Mas eram, basicamente, americanos arrogantes que entravam no palco achando que as regras seriam diferentes para eles e que conseguiriam fazer as coisas que os britânicos ainda não tinham sido capazes de conquistar.

Mesmo assim, o que os homens da Máfia dos Bombardeiros fizeram após o desastre de Schweinfurt? Tentaram de novo. No outono de 1943, a 8ª Força Aérea bombardeou a cidade pela segunda vez.

Alguns anos após a guerra, foi lançado um filme chamado *Almas em chamas*. Ele se baseia em um livro escrito por Beirne Lay, um dos pilotos comandados por LeMay. O filme tem Gregory Peck como o líder do ataque contra uma fábrica de rolamentos. Vale a pena vê-lo pelo seu retrato perfeito da persistência da Máfia dos Bombardeiros. Os homens fracassaram na primeira vez, mas não fazia diferença. Eles tentariam de novo. As provas que lentamente se acumulavam sobre as limitações da mira Norden não os intimidavam. O sonho continuava vivo.

Como o personagem general Pritchard, inspirado em Ira Eaker, diz no filme:

> Só existe uma esperança para encurtarmos esta guerra. Bombardeios de precisão à luz do dia. Se nos rendermos, os bombardeios durante o dia vão acabar. E não sei. Talvez isso signifique tudo. Podemos perder a guerra se não destruirmos a indústria alemã.
>
> Dá para sentir o cheiro do que está por vir, Frank. Não prometo nada além de fazer um trabalho que homem nenhum deveria fazer depois de já ter vivido tantos combates. Preciso pedir para você pegar bons rapazes e voar com eles até não aguentarem mais. E depois colocá-los de volta no avião para voarem mais um pouco.

O filme não segue a sequência real do primeiro e do segundo ataque contra Schweinfurt – por motivos óbvios e hollywoodianos – porque a segunda investida contra a cidade foi apenas levemente mais bem-sucedida do que a primeira. Os danos foram maiores, porém a indústria aeronáutica alemã não foi neutralizada. Nem de longe. E quantos aviões a 8ª Força Aérea perdeu no segundo ataque? De cara, 60; 17 ficaram tão danificados que precisaram ser tirados de circulação; 650 aviadores foram mortos ou capturados. Quase *um quarto* dos tripulantes daquela missão não voltou para casa. Pouco depois, Ira Eaker – o comandante da 8ª – foi transferido. Ele foi jogado para escanteio, mandado para o teatro de operações no Mediterrâneo, o equivalente militar de ser colocado de castigo no quarto sem o jantar.

O ano de 1943 foi um período sombrio para a Máfia dos Bombardeiros. Todas as suas ideias caíram por terra diante da realidade. Eles deviam conseguir acertar uma bomba em um barril de picles a 9 mil metros de altitude. Agora, isso parecia uma piada. E o bombardeiro deveria ser capaz de voar tão alto e tão rápido que seria intocável. *Só podiam estar de brincadeira, né?* Os aviadores americanos da 8ª Força Aérea precisavam voar 25 missões para completar o serviço militar. E se você fizesse parte daquela segunda missão em Schweinfurt, na qual um quarto dos tripulantes não voltou – bom, dá para fazer as contas. Com 25 missões parecidas, qual é a probabilidade de você sair vivo da guerra?

Há dezenas de entrevistas com aviadores da Segunda Guerra Mundial sobre esses meses desesperadores. Um deles, George Roberts, um operador de rádio do B-17 da 8ª Força Aérea, relembra:

> Nós fomos designados para um esquadrão, [o] 367º Esquadrão de Bombas. E notei uma placa grande lá. Ela dizia: LAR DA 367ª FORÇA AÉREA DOS PRATOS DE BARRO. E eu pensei caramba, que nome engraçado, chamar soldados de "pratos de barro". Mas... depois eu descobri que fazia sentido usar esse nome para o esquadrão.

Pratos de barro são usados como alvo em competições de tiro: discos feitos de argila para se despedaçarem no momento do impacto, pintados de laranja-fluorescente para se tornarem mais visíveis. Não é um nome muito animador para um esquadrão de bombardeios.

À medida que a guerra na Europa se arrastava, a pressão sobre a Máfia dos Bombardeiros aumentava. Os britânicos se tornaram mais desdenhosos do 8º Comando de Bombardeiros. Enquanto isso, o alto escalão em Washington tentava impulsionar a guerra aérea em uma direção diferente. A ideia era outro tipo de ataque contra a Alemanha, uma investida contra a cidade alemã de Münster. Só que Münster não era um polo industrial. Não tinha fábricas de aviões ou rolamentos nem uma refinaria de petróleo. Era apenas um vilarejo medieval charmoso, cheio de civis alemães.

Um piloto que participou da missão, Keith Harris, se lembra:

> Nós decolamos antes do 390º, em missão para Münster, na Alemanha. Era um domingo, um dia gostoso, ensolarado, um dia bonito. Um dia bonito de outono. E o alvo era o centro de Münster. Achei muito desagradável terem escolhido uma escada larga no meio de uma construção grande como o ponto de mira.

Ele está falando da catedral de Münster. A 8ª Força Aérea foi orientada a bombardear uma igreja ao meio-dia de um domingo, quando as pessoas estavam saindo da missa.

Após receberem as ordens da missão, os aviadores ficaram em choque. Eles não tinham se alistado para fazer aquilo. A 8ª Força Aérea não compactuava com esse tipo de coisa. Um navegador – criado em um rígido lar metodista – foi até o comandante e disse que não poderia fazer isso. Os britânicos bombardeavam o inimigo daquele jeito, não os americanos. O navegador foi avisado que seria preso por insubordinação se não voasse. Então ele obedeceu. E sabe quem mais estava na sala, ouvindo as ordens, tentando entender o que acontecia? Haywood Hansell. Um dos aviadores sob seu comando resumiria depois: "O general Hansell estava perplexo."

3.

Durante a guerra, um jovem estatístico chamado Leon Festinger trabalhou em um projeto para a Força Aérea do Exército. Seu trabalho era desenvolver métodos melhores para selecionar candidatos para o treinamento aéreo, o que parece um exercício acadêmico tedioso – até você se lembrar de como era péssima a situação da Força Aérea nos longos meses de 1943. Em resumo, o trabalho de Festinger era determinar quais rapazes deveriam ser enviados para a morte quase certa – estatisticamente falando.

Ele acabou se tornando um dos psicólogos sociais mais famosos dos Estados Unidos. E sempre me perguntei se a experiência na Força Aérea foi o que o motivou a conduzir seu estudo mais famoso após a guerra, a análise de uma seita chamada Seekers, ou "os buscadores", sediada nos arredores de Chicago. Festinger abordou o grupo com uma pergunta que deve ter passado por sua cabeça anos antes, durante o período terrível em que todas as crenças da Máfia dos Bombardeiros se mostraram falsas: o que acontece com as pessoas de muita fé quando suas convicções são confrontadas com a realidade?

Como Festinger contou: "A ideia de que é preciso oferecer uma cognição que se encaixe com – que justifique – aquilo que você sente ou faz é imediatamente a primeira coisa em que pensamos: bom, se isso funciona, então deve ser algo muito arraigado."

A líder dos Seekers era Dorothy Martin, uma mulher que alegava manter contato com um grupo de alienígenas que ela chamava de Guardiões. Segundo ela, esses Guardiões diziam que o mundo seria destruído por um dilúvio no dia 21 de dezembro de 1954. Porém, alguns dias antes do apocalipse, ela e seus seguidores seriam resgatados por um disco voador, que aterrissaria em seu quintal. Em preparação para esse momento, os Seekers pediram demissão, abandonaram a família e doaram todos os pertences. Eles se reuniram na casa de Dorothy Martin, no bairro residencial de Oak Park, em Chicago. No começo, Dorothy disse que a nave chegaria às 16 horas do dia 17 de dezembro. Os alienígenas não vieram. Então, à meia-noite, Dorothy afirmou ter recebido uma nova mensagem avisando que a nave estava a caminho. Ela nunca chegou. Então a líder disse que os alienígenas deram uma nova data: meia-noite de 21 de dezembro – pouco antes do apocalipse. Assim, os Seekers se reuniram de novo na sala de estar de Dorothy e esperaram. E esperaram.

Como explica Festinger: "Nós tínhamos certeza de que a previsão não se confirmaria. E ali estava um grupo de pessoas comprometidas com aquela profecia, e seu comprometimento era real. As pessoas pediram demissão do trabalho, venderam suas coisas. Elas estavam se preparando para um cataclisma, para a salvação."

É interessante citar um trecho das páginas iniciais do livro *When Prophecy Fails* (Quando a profecia falha), o relato de Festinger sobre a última noite na casa de Dorothy Martin:

> Imagine que um indivíduo acredite em algo com todas as forças; imagine que ele é comprometido com essa fé, que

tomou atitudes irrevogáveis por causa dela. Por fim, imagine que ele é confrontado com provas, provas inegáveis e irrefutáveis, de que sua crença está errada: o que acontece?

Festinger e dois colegas pediram a Dorothy Martin para observar os Seekers durante sua espera. Ele descreve o que aconteceu:

> Quando o relógio na cornija mostrou que faltava apenas um minuto para a chegada do disco voador, [Dorothy Martin] exclamou em uma voz tensa, aguda: "E nenhum plano foi perdido!" O relógio bateu meia-noite, cada badalada dolorosamente audível no silêncio ansioso. Os adeptos permaneceram sentados e imóveis.
>
> Seria de se esperar alguma reação visível. Meia-noite passou, e nada aconteceu... Porém as pessoas na sala pouco reagiram. Ninguém falava, ninguém emitia som. Elas continuaram paradas com o rosto aparentemente congelado e inexpressivo.

Os Seekers permaneceram aboletados em seus lugares por horas, aos poucos aceitando que nenhum visitante do espaço sideral viria resgatá-los. Mas essa "desconfirmação" da sua crença fez com que eles a abandonassem? Não. Às 4h45 daquela madrugada, Dorothy anunciou que havia recebido *outra* mensagem. Devido à fé inabalável dos Seekers, disse ela, Deus havia cancelado a destruição do mundo.

A que conclusão Festinger chegou depois disso tudo? Quanto mais investe em um conjunto de crenças – quanto maior for o sacrifício que faz em prol dessa convicção –, mais resistente você se torna às evidências de que está errado. Você não desiste. Você dobra a aposta.

Como o psicólogo explicou em uma entrevista: "Uma das coisas que esperávamos que acontecesse era que, depois da desconfirmação da previsão, eles descartassem a crença, mas, pelo grau de comprometimento deles, isso seria difícil."

Voltemos ao desastre dos ataques contra Schweinfurt e os longos e desanimadores meses de verão e outono de 1943. Esses acontecimentos fizeram Haywood Hansell e a Máfia dos Bombardeiros desistirem? É óbvio que não. Aqui está o que Hansell escreveu para Ira Eaker após o primeiro ataque contra Schweinfurt, em 17 de agosto: "Nem preciso explicar quanto estou tremendamente orgulhoso da operação Regensburg-Schweinfurt. Apesar das numerosas perdas, acredito que a missão tenha sido justificada e represente um dos pontos da virada na guerra."

Hansell estava delirando, é claro. Schweinfurt não representou um ponto de virada na guerra. Porém, se você lhe perguntasse por que acreditava nisso, ele ofereceria suas razões. A Força Aérea ainda estava aprendendo. Tiveram azar com o clima. Deviam ter voltado na semana seguinte e feito outro ataque, depois outro e outro, até todas as fábricas estarem completamente destruídas.* Ou talvez os rolamentos não fossem o melhor alvo no fim das contas. Mas havia outras opções, não é? Que tal as refinarias de petróleo? É assim que funciona a mente da pessoa que realmente acredita, do verdadeiro adepto convicto.

Porém, fora dessa panelinha, havia outro homem: Curtis LeMay. Como todo mundo, ele tinha frequentado a Air Corps Tactical School, em Maxwell, para o treinamento obrigatório.

---

* Em sua biografia, o ministro de Armamentos e Produção de Guerra de Hitler, Albert Speer, oferece uma descrição detalhada das missões em Schweinfurt e do que chama de "o erro do inimigo". Ele observa: "Os ataques à indústria de rolamentos cessaram de repente. Assim, os Aliados desperdiçaram o sucesso que estava ao seu alcance. Se tivessem continuado os ataques com a mesma energia, logo teríamos chegado ao nosso último suspiro".

Mas nunca fez parte do grupo da Máfia dos Bombardeiros. Havia algo na personalidade de LeMay – na sua obsessão por métodos e objetivos – que resistia a qualquer entusiasmo intelectual. Ele conseguia fazer pilotos voarem direto para o alvo sem desviar. Conseguia incutir neles a disciplina para não fugirem em pânico no meio do caminho. Conseguia treiná-los para decolarem em meio à neblina. Desafios práticos o atraíam. Mas dogmas não lhe interessavam.

Durante uma entrevista em 1971, LeMay foi ainda mais direto. Ele disse que nunca acreditou no elaborado planejamento por trás dos ataques a Schweinfurt: "A ideia era que... encontraram umas fábricas de rolamentos lá – uns desses analistas de alvos engravatados do Pentágono –, e a ideia era que, se destruíssemos a fábrica, que devia concentrar a maior parte da produção de rolamentos do país, então a guerra acabaria pela falta de rolamentos."

Uns desses analistas de alvos engravatados do Pentágono. Ele está falando de Haywood Hansell e da Máfia dos Bombardeiros, com suas teorias fantasiosas sobre como neutralizar o inimigo.

LeMay continua: "O plano era aceitável – basicamente aceitável –, mas nós queríamos encontrar uma forma de vencer a guerra do jeito fácil, e isso não existe."

Para Curtis LeMay, a única coisa que interessava era o resultado final. Ele perdeu 24 aviões na missão de distração para bombardear Regensburg. Cada um desses bombardeiros carregava uma tripulação de 10 homens, o que significa que 240 pessoas não voltaram para a base. Ele e os líderes do seu esquadrão tiveram que escrever 240 cartas no dia seguinte. *Prezados Sr. e Sra. Smith. Seu filho... Prezados Sr. e Sra. Jones. Seu filho...* – 240 vezes. E para quê?

Um oficial da Força Aérea chamado Ken Israel conviveu com LeMay nos últimos anos da vida do general. Os dois costumavam caçar juntos.* Certa vez, Israel foi à casa do general, no sul da Califórnia, para lhe entregar alguns faisões que tinham abatido na base aérea Beale, ao norte de Sacramento. Segundo Israel:

> Toquei a campainha. Ele atendeu e me convidou para entrar. Eu disse: "Senhor, trouxe os seus faisões." O vestíbulo era todo de mármore. Na parede esquerda, havia um mural enorme de Regensburg... Na parede do outro lado, havia um mural com uma imagem de Schweinfurt.
> Então eu perguntei: "Senhor, essas são Regensburg e Schweinfurt?" Ele respondeu: "São, meu filho." E então só completou: "Pois é, perdemos muitos homens bons."

No fim das contas, Curtis LeMay teria uma das carreiras mais célebres da história de todos os oficiais da Força Aérea. Ele planejou ou comandou inúmeras missões mais significativas que o ataque contra Regensburg-Schweinfurt. Em 1948 e 1949, comandaria a ponte aérea dos Aliados durante o Bloqueio de Berlim, um dos acontecimentos fundamentais do começo da Guerra Fria. Ele acabaria controlando o arsenal nuclear dos Estados Unidos como comandante-geral do Comando Aéreo Estratégico. Durante sua época na ativa, conheceu todos os líderes mundiais possíveis e imagináveis, posou para fotos ao lado de pessoas que o restante de nós conhece apenas pelos livros de história. Qualquer uma dessas lembranças poderia estar pendurada no seu vestíbulo. Mas não. No hall de entrada da sua casa, ele pendurou um lembrete do seu primeiro encontro real com a ortodoxia da Máfia dos Bombardeiros, um lembrete do fracasso e da perda.

---

* LeMay também tinha um estande de tiro no porão de casa. É claro.

PARTE II
A TENTAÇÃO

NOTA DO AUTOR

A segunda parte de *A Máfia dos Bombardeiros* se passa em Guam, no Japão e no Oriente em geral. Porém, antes de chegarmos a esse ponto, quero contar uma história mais atual.

Quando estava fazendo a pesquisa para este livro, fui a Tóquio junto com o produtor do meu podcast, Jacob Smith. Assim que aterrissamos, pegamos um táxi e fomos visitar um museu chamado Tōkyō Daikūshū Sensai Shiryō Sentā (Centro sobre os ataques e danos de guerra contra Tóquio). É um memorial aos eventos que vou descrever nos próximos capítulos – o resultado da luta entre a Máfia dos Bombardeiros e Curtis LeMay.

Sempre vou a museus de guerra, como os Imperial War Museums em Londres. A unidade na Lambeth Road fica em um edifício grande e imponente, mas também há outras duas em Londres e mais duas espalhadas pelo país. Devem ser necessárias algumas semanas para ver todas as coleções deles. E os memoriais. Já fui a muitos também: o Monumento aos Veteranos do Vietnã, no National Mall de Washington, D.C.; o Yad Vashem, em Jerusalém. Todos são imponentes, emocionantes, projetados por arquitetos mundialmente renomados. Todos causam *impacto*.

Então, quando eu e Jacob entramos em nosso táxi em Tóquio, imaginei que seguiríamos para a região onde ficam os museus – no centro da cidade, perto do Palácio Imperial. Mas não foi isso que aconteceu. Seguimos na direção oposta, nos afastando dos bairros comerciais e dos turistas. Fomos para o leste, descendo uma rua cheia de lojas, passando por uma grande ponte. Cada vez mais longe. Então entramos em uma ruela, e o motorista parou. E fiquei na dúvida – será que era algum engano? Será que eu havia anotado o endereço errado? Mostrei o endereço para o motorista. Ele assentiu com a cabeça e apontou. E realmente, quando estreitei os olhos, vi a placa de um museu. Nós estávamos diante do que parecia ser um edifício de consultórios médicos. Era um prédio de tijolos de três andares.

Entramos e vi uma pequena loja de souvenires no canto – na verdade, apenas algumas prateleiras com livros. Ao lado, havia um espaço semelhante a uma sala de aula, com várias cadeiras dobráveis, onde passava um vídeo de apresentação. Então atravessamos um pátio minúsculo e subimos a escada para a exposição principal. O piso era de linóleo. Havia muitas fotos em preto e branco nas paredes. Um modelo de um B-29 – do tipo que se encontra em uma loja de brinquedos – pendia do teto. Jacob tirou uma foto minha na frente do museu depois que terminamos. Ela está no meu telefone. Parece que acabei de sair de uma consulta com o dentista.

Todos já ouvimos falar das duas bombas atômicas jogadas sobre Hiroshima e Nagasaki em agosto de 1945: Little Boy e Fat Man, lançadas do *Enola Gay*. Há grandes monumentos e memoriais em memória a *esses* acontecimentos. Livros de história dedicam páginas e mais páginas ao assunto. Há debates sobre o tema até hoje. Eu estava terminando este livro durante o 75º aniversário dos ataques. Nesse dia, tivemos centenas de chances de reviver essa lembrança.

Porém o Tōkyō Daikūshū Sensai Shiryō Sentā não mostra o que aconteceu após os ataques nucleares no Japão. Mostra o que aconteceu antes – entre novembro de 1944 e o fim do inverno de 1945. Entre o comando de Haywood Hansell e o de Curtis LeMay. Um pouquinho da história que foi relegada a uma ruela.

E por que o museu fica em uma ruela? De certa forma, esse é o subtexto da segunda metade deste livro. Algo aconteceu quando a Máfia dos Bombardeiros e Curtis LeMay tiraram o foco da Inglaterra e da Europa e o deslocaram para o outro lado do mundo, para as ilhas Marianas, no meio do Pacífico. Algo que todos os envolvidos acharam inconveniente. Ou insuportável. Ou inominável. Ou talvez as três coisas.

Esta não é uma história sobre a guerra, mas uma história que se passa durante a guerra, pois, às vezes, nossos mecanismos normais de rememoração coletiva fracassam. E então tentamos compreender por quê.

Carl L. Norden foi um inventor holandês brilhante que, sozinho, criou a mira de bombardeio Norden usada pelos Estados Unidos na Segunda Guerra Mundial. Chamada de "a bola" pelos aviadores, ela pesava 25 quilos e permitia que os oficiais bombardeiros incluíssem muitas variáveis em seus cálculos, como altitude, velocidade do vento e velocidade em relação ao ar. Rezava a lenda que ela permitiria que o oficial bombardeiro acertasse um barril de picles a 9 mil metros de altitude.

A Máfia dos Bombardeiros: Harold George (acima, à esquerda), Donald Wilson (acima, à direita), Ira Eaker (abaixo) e outros estavam convencidos de que os bombardeios de precisão, concentrados em pontos cruciais da cadeia de suprimentos do inimigo, poderiam vencer guerras exclusivamente por meios aéreos. Seu raciocínio futurista era uma característica típica do que se tornaria a Academia da Força Aérea, cuja capela modernista (abaixo) contrasta radicalmente com as capelas de West Point e Annapolis.

Frederick Lindemann (primeiro à esquerda), o conselheiro mais próximo de Churchill (segundo da direita para a esquerda), acreditava que os bombardeios deviam ser usados para acabar com o moral do inimigo, atacando cidades indiscriminadamente. Aqui, ele aparece assistindo a uma demonstração de artilharia antiaérea com Churchill e outros militares britânicos.

Arthur "Harris Bombardeiro", marechal da Força Aérea Real, comandou o esquadrão de bombardeiros britânicos com uma estratégia de "bombardeio de área", sem diferenciar assentamentos militares e civis em seus ataques.

O B-17, a "Fortaleza Voadora", desenvolvido como um bombardeiro de longo alcance e teto de voo alto, amplamente usado no teatro de operações da Europa, ataca uma fábrica de aviões na Alemanha.

O "Superfortaleza" B-29 espera para decolar de uma pista no teatro de operações do Pacífico. O B-29 voava mais rápido, mais alto e por distâncias maiores que qualquer outro bombardeiro no mundo, e finalmente permitiu que a Força Aérea do Exército dos Estados Unidos conseguisse se aproximar o suficiente para atacar o Japão.

Um tripulante verifica bombas no porão de carga de um B-29 antes do bombardeio de Tóquio.

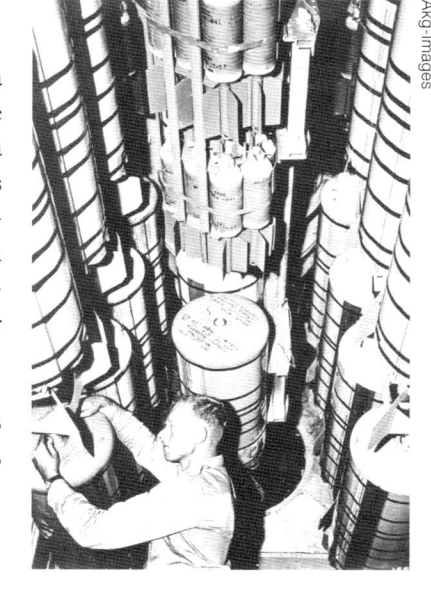

Louis Fieser, professor de química em Harvard, e seu colega E. B. Hershberg (não retratado na imagem) conduziram experimentos com géis inflamáveis que levaram à invenção do napalm.

O primeiro teste da bomba de napalm foi conduzido no dia 4 de julho de 1942, atrás do prédio da faculdade de Administração de Harvard, em Cambridge, Massachusetts.

Para analisar o poder das bombas incendiárias, uma réplica perfeita de um vilarejo japonês foi construída em Dugway Proving Ground, em Utah, em 1943.

Em janeiro de 1945, o major-general Curtis E. LeMay (esquerda) substituiu o brigadeiro-general Haywood Hansell Jr. (centro) como comandante do 21º Comando de Bombardeiros nas ilhas Marianas. À direita está o ajudante de ordens de Hansell, o brigadeiro-general Roger M. Ramey.

As primeiras instalações da Força Aérea do Exército dos Estados Unidos em Guam eram rudimentares: tendas e barracões *quonset* de metal.

Visão aérea do bombardeio de Tóquio. Na madrugada entre 9 e 10 de março de 1945, um observador notou que os incêndios eram visíveis a mais de 240 quilômetros de distância.

Durante a operação Meetinghouse, o ataque de bombardeio aéreo mais destrutivo da Segunda Guerra Mundial, 1.665 toneladas de napalm foram lançadas sobre Tóquio e mais de 100 mil pessoas morreram.

General Curtis E. LeMay em 1954.

O Tōkyō Daikūshū Sensai Shiryō Sentā fica em uma construção discreta em Tóquio, no Japão.

CAPÍTULO SEIS

"Seria suicídio, rapazes, suicídio"

1.

Toda guerra é absurda. Há milhares de anos, os seres humanos vêm resolvendo suas diferenças eliminando uns aos outros. E quando *não* estamos eliminando uns aos outros, dedicamos um tempo enorme e uma quantidade imensa de atenção elaborando formas melhores de eliminar uns aos outros na *próxima* vez. É um pouco estranho, se você parar para pensar.

Mesmo assim, mesmo dentro dessa categoria geral de absurdo, existe um espectro. A guerra travada na Europa pelo menos era *parecida* com guerras anteriores. Ela era absurda de um jeito familiar: vizinho contra vizinho. O desembarque do Dia D exigia uma viagem rápida até o outro lado do canal da Mancha. As pessoas conseguem atravessar o canal da Mancha *a nado*. No solo, tropas marchavam empunhando rifles. Eles disparavam artilharia pesada. Se Napoleão recebesse uma semana de treinamento, seria bem capaz de comandar o avanço dos Aliados pela Europa tão bem quanto qualquer general do século XX.

Mas o teatro de operações no Pacífico? Ele ficava do outro lado do espectro do absurdo da guerra.

É bem provável que, na história mundial, os Estados Unidos e o Japão tenham sido os dois oponentes em guerra que menos contato tiveram um com o outro e que menos se conheciam. Além disso, nunca houve combatentes mais geograficamente distantes. A Guerra do Pacífico foi, por definição, uma guerra marítima – e, à medida que o conflito se intensificava, uma guerra aérea. Mas só a escala descomunal do campo de batalha no Pacífico já faria com que fosse uma guerra completamente inédita.

Por exemplo, na época do ataque a Pearl Harbor, o burro de carga da Força Aérea dos Estados Unidos era o bombardeiro B-17, também conhecido como "Fortaleza Voadora". Era esse modelo que LeMay, Ira Eaker e Hansell usavam na Europa. A Fortaleza Voadora tinha um alcance de cerca de 3 mil quilômetros – 1.500 para ir e 1.500 para voltar. Em janeiro de 1944, era impossível encontrar uma base aérea controlada pelos Aliados em um raio de 1.500 quilômetros de Tóquio. A Austrália fica a mais de 6 mil. O Havaí também. As Filipinas faziam mais sentido na teoria, porém o país fora capturado pelos japoneses, sendo reconquistado apenas no fim de 1945. De toda forma, Manila ainda ficava a 3 mil quilômetros de Tóquio.

Se você fosse os Estados Unidos e quisesse lançar bombas no Japão, como faria isso? A solução para esse problema demorou a maior parte da guerra. O primeiro passo foi a construção do B-29, o Superfortaleza, o maior bombardeiro já desenvolvido, com um alcance de mais de 4.800 quilômetros.

O passo seguinte foi capturar um arquipélago de três ilhas minúsculas no meio do Pacífico ocidental: Saipan, Tinian e Guam. As ilhas Marianas, controladas pelos japoneses. As Marianas ficavam a 2.500 quilômetros de Tóquio – o ponto mais próximo possível para construir uma pista de voo. Se uma esquadrilha de B-29s fosse posicionada nas Marianas, seria possível bombardear o Japão. Os japoneses também sabiam disso, o que levou a outro fato absurdo: algumas das batalhas mais feias de toda a guerra foram travadas por três pedacinhos de pedra vulcânica que ninguém fora do Pacífico ocidental – ninguém mesmo – conhecia antes do começo do conflito.

Os fuzileiros navais foram convocados. Um veterano, o cabo Melvin Dalton, relembra a batalha:

> Nosso principal trabalho era amaciá-los o suficiente para que as tropas que desembarcavam dos navios conseguissem alcançar a praia. Depois de dois ou três dias disso, na manhã seguinte, no amanhecer, o mar estava cheio de navios e barcos se aproximando, e eram tantos tiros que não dava para acreditar. [*Fica emocionado.*] Havia cadáveres por todo lado, flutuando. Ninguém teve tempo de recolhê-los. Foram todos coletados depois. Quando os fuzileiros navais chegavam à praia, às vezes era terrível.

Uma por uma, ao longo do verão de 1944, as ilhas foram conquistadas pelo Corpo de Fuzileiros Navais dos Estados Unidos,* e então Haywood Hansell foi enviado por Washington para liderar o recém-formado 21º Comando de Bombardeiros. Era uma força de elite totalmente composta pela arma mais nova e mais letal no arsenal da Força Aérea, o Superfortaleza B-29. A missão era acabar com o maquinário de guerra do Japão pelo ar, abrindo caminho para o que a liderança militar acreditava ser inevitável: uma invasão por terra.

Comandar a investida aérea contra o Japão era o trabalho mais importante da carreira de Hansell. Àquela altura, provavelmente

---

* Apesar de o número total de mortes permanecer desconhecido, estima-se que mais de 14 mil americanos tenham sido mortos, feridos ou listados como desaparecidos durante a campanha nas Marianas. Quase todas as forças japonesas posicionadas nas ilhas, cerca de 30 mil homens, foram aniquiladas. Hoje, 5.204 nomes estão gravados em um monumento na ilha de Saipan, com vista para o porto de Tanapag.

era o trabalho mais importante em toda a Força Aérea do Exército. Porém o plano de ataque era – em todos os sentidos da palavra – absurdo. Extremamente absurdo. Primeiro, vejamos o B-29. Em 1944, era um avião novinho em folha, colocado em uso às pressas. Ele quebrava. Motores pegavam fogo. Ninguém tinha recebido o treinamento necessário para pilotá-lo. Tinha um monte de peculiaridades.*

E essa nova arma seria lançada no lugar menos favorável do mundo para uma base aérea. As Marianas são quentes e úmidas, cheias de mosquitos. São assoladas por chuvas torrenciais. Não havia construções adequadas nem hangares, instalações de manutenção ou estradas, apenas barracões *quonset* e tendas.** Haywood Hansell – um general condecorado, o homem que escreveu o plano de guerra aérea usado contra Hitler na Europa – estava acampando feito um escoteiro.

Vivian Slawinski, que era segunda-tenente do Corpo de Enfermeiras do Exército, relatou como era a vida na ilha de Tinian nos primeiros meses após a conquista pelos Estados Unidos: "Havia muitas pedras... E tinha ratos lá. Eles se escondiam nas vigas do telhado. Isso eu não suportava. Eles desciam e roíam o cabelo das pessoas. E, em algumas ocasiões, chegaram perto das minhas mãos. Nós não tínhamos um hospital. Só havia barracões *quonset*."

---

* Um dos problemas das versões iniciais do Superfortaleza era que os motores superaqueciam com muita facilidade. Se você fosse piloto de B-29 naquela época, sua maior preocupação era ser alvejado pelo inimigo. Sua segunda maior preocupação era que os motores do avião pegassem fogo.

** Não é necessário dizer que, quando LeMay chegou, ele não se abalou com as condições precárias. Na verdade, descreveu o ambiente desanimador das ilhas com um otimismo quase cômico: "A praia daqui não é tão ruim assim. Não há muitos corais, e os que existem [estão] podres, então você não se corta. Há muitas lesmas-do-mar, mas elas não incomodam. A terra simplesmente subiu do mar, então vemos aquela mesma terra vermelha que tínhamos no Havaí."

Quando o entrevistador observou que, sendo de metal, os barracões deviam ser quentes, ela respondeu: "Ah, querido, a gente sentia calor em todo canto."

A única vantagem que as Marianas tinham era sua proximidade do Japão. Mas até isso era exagero. A verdade era que seria possível alcançar o Japão saindo de lá *apenas* sob condições perfeitas. Para tanto, um B-29 precisaria receber nove toneladas de combustível extra. E como isso deixava o avião perigosamente pesado, ele precisava de um vento de cauda feroz para levantar da pista. Ninguém nunca tinha passado por uma situação tão louca durante a guerra.

E só piorava. No fim do outono de 1944, Hansell estava pronto para lançar seu primeiro grande ataque contra Tóquio. Ele o descreveu após a guerra para uma turma da Academia da Força Aérea, em Colorado Springs: "A primeira operação contra o Japão se chamava San Antonio One. Ela foi coordenada com a estratégia do Estado-Maior Conjunto e, por isso, a linha temporal dos acontecimentos era de extrema importância."

A esquadrilha de Hansell partiria em 17 de novembro de 1944. Tudo estava pronto. O clima estava bom. O Exército posicionou a mídia – com flashes, câmeras e microfones – nas pistas ao amanhecer. O próprio Hansell apresentou as orientações antes da missão. "Fiquem juntos. Não deixem ataques de caças desfazerem as formações. *E acertem as bombas no alvo.*"

Os aviões se alinharam. Eles estavam pesados com o combustível extra para a viagem de volta, prestes a decolar com a ajuda do vento de cauda forte que sempre soprava na pista.

Só que, naquela manhã, não havia vento de cauda.

Como Hansell contou: "As ordens foram dadas, os aviões estavam com os motores aquecidos e taxiaram até o fim da única pista que tínhamos, e naquele momento o vento, que

tinha passado as últimas seis semanas soprando sem parar, parou completamente."
Então os B-29s pesadíssimos de Hansell não conseguiriam decolar. E aí o vento voltou, só que na direção oposta. Será que daria para virar os aviões – todos os 119 – e ainda partir a tempo para completar a missão? Não. Ele só tinha uma pista, pavimentada pela metade. A missão precisaria ser abortada.
Mas as coisas ficaram ainda mais loucas. O tempo mudou pela *terceira* vez.
Hansell continuou:

> E três ou quatro horas depois, estávamos no meio de uma tempestade tropical intensa, um furacão, um tufão. Durou uns seis dias, transformou o acampamento em um lamaçal. Enquanto isso, os B-29s esperavam carregados com as bombas. As ordens tinham sido dadas. Ficamos muito preocupados com a possibilidade de um vazamento de informações. Era tarde demais para mudar qualquer coisa. Passei o dia inteiro pensando que talvez a gente conseguisse. Mandamos aviões meteorológicos para analisar a trajetória do furacão pela costa; ele seguia exatamente pela nossa rota até o Japão.
>
> O resultado foi que demorou uma semana para conseguirmos lançar a missão.

Hansell contou essa história para uma sala cheia de cadetes da Força Aérea em 1967. A maior parte da plateia iria para o Vietnã – que, inclusive, foi outra guerra na extremidade absurda do espectro do absurdo –, então todos estavam atentos às suas palavras. Ele tinha lutado na Ásia, e era para lá que provavelmente seriam enviados.

Então alguém perguntou ao velho general: e se o vento não tivesse desaparecido e depois mudado de direção? E se todos os B-29s *tivessem* conseguido decolar naquela manhã de 17 de novembro de 1944? O cadete concluiu: "O senhor teria perdido a esquadrilha inteira se tivesse decolado na hora certa."

Hansell respondeu: "Com certeza."

Ele e o restante da Força Aérea do Exército não tinham os sofisticados equipamentos eletrônicos de navegação que existem hoje. Sua esquadrilha inteira estaria no céu. Os 119 B-29s, cada um com uma tripulação de 11 pessoas. Seriam 1.309 homens dando voltas e mais voltas, procurando inutilmente por qualquer vislumbre das luzes da pista no meio de um tufão, enquanto os indicadores de seus marcadores de combustível chegavam a zero. E então, um a um, eles seriam engolidos pelo oceano.

A tempestade durou seis dias. Hansell continuou: "Duas horas antes, duas horas de diferença nesse clima e nós teríamos perdido todo o comando de bombardeiros. Porque não havia para onde ir."

A fé de Haywood Hansell na doutrina do bombardeio de precisão havia sido testada uma vez, no desastre em Schweinfurt. E permanecia intacta. Nas Marianas, sua convicção passaria por um novo teste, desta vez com algo que jamais passara pela cabeça dos membros da Máfia dos Bombardeiros nas salas de aula em Maxwell Field.

2.

Em 1944, ao mesmo tempo que Haywood Hansell foi mandado para as Marianas, Curtis LeMay foi transferido da Europa para o Pacífico, para liderar outro novo grupo de elite de bombardeiros B-29: o 20º Comando de Bombardeiros, baseado no leste da Índia, perto de Calcutá.

Calcutá é – seguindo em linha reta – a cidade indiana mais próxima do Japão. Ela fica na extremidade nordeste do país. E como a Índia britânica era um porto seguro, a ideia era que os B-29s poderiam decolar dali e voar até uma pista criada em meio a um território inóspito na China, perto de Chengdu. Eles reabasteceriam lá, voariam para o Japão, lançariam as bombas, voltariam para Chengdu, reabasteceriam outra vez e então iriam para casa em Calcutá. Em termos de distância, seria como voar de Los Angeles até o extremo leste do Canadá com uma parada para abastecer em Chicago.

E então o fato crucial: entre Calcutá e Chengdu fica o Himalaia, a cadeia de montanhas mais alta do mundo. Os pilotos os chamavam de "a Corcova". Se você já achava que uma guerra aérea saindo das Marianas era absurdo, bem, isto era muito, muito pior.

Foi assim que LeMay descreveu o sobrevoo sobre a Corcova. E ele nunca reclamava de nada.

> Era extenuante, um inferno... As montanhas eram um cardápio completo de problemas meteorológicos – correntes de ar descendentes violentas, ventos fortes e nevascas repentinas –, tudo a 30 graus negativos. Como se fosse necessário um lembrete, a tripulação sempre via o pico de 8.849 metros de altura do monte Everest aparecendo entre as nuvens a cerca de 250 quilômetros da sua rota de voo.

Ao longo da guerra, quantos aviões americanos você chutaria que foram perdidos tentando atravessar a Corcova? Setecentos. A rota de voo era chamada de "o rastro de alumínio" por causa dos escombros espalhados pelas montanhas.

E fica pior. Não havia combustível para aviões na base aérea em Chengdu. Ela ficava no meio do nada – era apenas uma faixa de pista. Muito depois, um dos aviadores de LeMay, David Braden, gravou uma entrevista com um antigo general de brigada da Força Aérea, Alfred Hurley. Todo piloto que sobrevoava a Corcova reclamava:

> **Braden:** Era um negócio doido. A única maneira de levar gasolina para Chengdu era sobrevoando a Corcova. Às vezes, quando o vento estava na direção contrária, era necessário queimar 45 litros de gasolina num B-29 para deixar 4 litros do outro lado.
> **Hurley:** Era impressionante.
> **Braden:** Era uma loucura.

E aí, mesmo saindo de Chengdu, a maioria do território japonês permanecia fora do alcance do B-29. Os aviões não conseguiam chegar a Tóquio e voltar. Então o melhor que podiam fazer era mordiscar a extremidade mais próxima da ponta sudoeste do Japão, onde havia apenas uma fábrica digna da atenção dos Aliados.

Braden contou: "Quando eles começaram a sair de Chengdu, dava para alcançar Kyushu [no Japão], mas só havia um alvo lá, uma siderúrgica. Nas missões que iam para lá, todo mundo ficava exausto."

Para exemplificar o que LeMay enfrentava, aqui está uma missão comum, partindo de Calcutá, no dia 13 de junho de 1944. Noventa e dois B-29s saíram da Índia. Doze voltaram antes de cruzar a Corcova. Um caiu. Então são 79 os que conseguiram chegar à China. Eles reabasteceram, decolaram de novo. Um caiu imediatamente após a decolagem. Outros quatro voltaram à pista por problemas mecânicos. Seis tiveram que descartar as bombas. Um foi atingido no caminho para o Japão. O clima estava péssimo em Kyushu, então apenas 47 aeronaves conseguiram chegar à siderúrgica, e, dessas, apenas 15 enxergaram o alvo. Ao fim da missão, 7 aviões e 55 homens foram perdidos. E o total de uma bomba acertou o alvo. Uma.

Você envia 92 B-29s para o outro lado do mundo e só consegue acertar uma bomba no alvo.

Os japoneses faziam piada com o 20º Comando de Bombardeiros. Como anunciava no rádio uma das locutoras de propaganda japonesa para os aviadores Aliados: "Escutem, rapazes: atravessem a Corcova de volta para a Índia. Não quero que vocês todos morram. Nós temos caças demais e artilharia antiaérea demais para vocês conseguirem atravessar. Seria suicídio, rapazes, suicídio."

Era assim que se desenrolava a guerra aérea no Pacífico no outono de 1944. Quem estava em uma situação mais absurda: Curtis LeMay ou Haywood Hansell? Essa é fácil. Ir de Guam para o Japão era difícil. Mas ir da Índia para o Japão era loucura.

Porém a pergunta melhor seria *como* a situação absurda de cada homem afetou sua forma de pensar. Vamos começar com LeMay, uma pessoa cuja identidade girava em torno da solução de problemas. Essa era a sua maneira de compreender o mundo. Ele não era um homem charmoso e carismático. Não era um grande intelectual. Era alguém que colocava a mão na massa. Como ele diria mais tarde: "Prefiro uma pessoa muito burra, mas que fez alguma coisa – mesmo que estivesse errado, fez alguma coisa –, do que alguém que hesita e fica parado."

Era isso que LeMay valorizava. Então imagine que ele está estacionado na Índia, a milhares de quilômetros da ação, e recebe ordens para solucionar um problema que *não* tem solução. Não dá para travar uma guerra aérea de forma eficiente quando você precisa gastar 45 litros de combustível para atravessar o Himalaia e entregar 4 litros do outro lado.

Não havia engenhosidade ou determinação humana capaz de superar o obstáculo do Himalaia.

Das várias análises e reanálises do legado de LeMay, surgiram muitas teorias sobre sua motivação para o que faria na primavera seguinte, quando assumiu o controle da guerra aérea no Pacífico. Fico me perguntando se a primeira explicação, que também é a mais simples, não seria esta: quando uma pessoa que soluciona problemas finalmente consegue liberdade para agir, ela não deixa nada ficar no seu caminho.

No outro lado temos Haywood Hansell. Sua situação era diferente: ele era o mais convicto dos adeptos.

3.

O primeiro ato de Haywood Hansell nas Marianas foi perguntar, como qualquer membro respeitável da Máfia dos Bombardeiros: qual era a maior vulnerabilidade da economia de guerra do Japão? Que alvo seus novos B-29s deveriam atacar? Para ele, a resposta era óbvia: as fábricas de produção de aeronaves japonesas. Mas onde elas ficavam?

Como contou Hansell: "Nós estávamos em Saipan com cerca de 40 ou 50 B-29s [e] um prazo até 13 de outubro. Tínhamos um prazo para uma operação contra a indústria aeronáutica japonesa... e não havia informações sobre os alvos; não sabíamos onde ficava a indústria aeronáutica japonesa."

Então uma equipe foi dos Estados Unidos em um B-29 modificado para reconhecimento aéreo. Centenas de fotos foram tiradas, mostrando que a fabricação de aeronaves no Japão – principalmente a Companhia de Aeronaves Nakajima, hoje em dia conhecida como Subaru – se concentrava em peso na região de Tóquio. Os Aliados sabiam que a Nakajima era responsável por boa parte de todos os motores dos aviões de guerra do Japão. Hansell disse: "Vamos começar com essa fábrica para incapacitar a força de combate japonesa."

San Antonio One era essa primeira missão crucial, a mesma que por pouco não foi engolida por um tufão. Após uma semana de espera, os aviões de Hansell finalmente decolaram.

Os B-29s saíram das Marianas, voando baixo pelo oceano, a centenas de metros de altura. Quando se aproximaram do Japão, subiram mais alto, saindo da linha de fogo. Eles se voltaram para o monte Fuji e então se aproximaram de Tóquio pelo oeste. Aqui, enquanto aparecem imagens aéreas da cidade no filme de guerra da Força Aérea do Exército, Ronald Reagan descreve os acontecimentos:

> Seis horas depois, através das nuvens, eles viram – Fujiyama [monte Fuji], o símbolo ancestral do Japão. Agora vêm os símbolos mais modernos. Bombas de fósforo e artilharia antiaérea. E caças... Num raio de 25 quilômetros do Palácio Imperial vivem 7 milhões de japoneses, pessoas que costumamos considerar pequenas, delicadas, educadas, que só se preocupam com arranjos florais, jardins de pedra e o cultivo de bichos-da-seda. Mas bichos-da-seda e o Palácio Imperial não interessam a esses homens. Nos subúrbios de Tóquio, fica a enorme fábrica de aeronaves Nakajima. Bem, meu companheiro, o que você está esperando?

Ele força a barra e exagera um pouco.

San Antonio One foi uma operação extremamente simbólica. Ela mostrou que era possível alcançar o Japão. Mas será que foi um sucesso em termos de operação militar? Após a guerra, em uma palestra para cadetes na Academia da Força Aérea, Hansell tentou ser otimista. "A operação não foi tão boa quanto gostaríamos, porém, como uma primeira tentativa, mostrou que aquilo era possível. Essa era uma dúvida muito grande na época."

A operação não foi tão boa quanto gostaríamos foi, no mínimo, um eufemismo. O primeiro ataque danificou apenas 1% da fábrica Nakajima. Três dias depois, Hansell tentou de novo. Nenhuma das bombas acertou a fábrica. No dia 27 de dezembro, ele enviou mais 72 B-29s. Eles erraram a fábrica, mas acabaram incendiando um hospital. No fim das contas, Hansell foi cinco vezes até o parque industrial e mal conseguiu atingi-lo.

Parte da dificuldade era o mesmo problema que a Máfia dos Bombardeiros encontrava na Europa: nuvens. Os oficiais bombardeiros procuravam o alvo em suas Nordens e não achavam nada. Mas havia outra questão climática, um problema muito pior e muito mais grave do que as pessoas na época seriam capazes de entender.

Um dos pilotos dos B-29s de Haywood Hansell, o tenente Ed Hiatt, mais tarde seria entrevistado para um documentário da BBC. Ele descreveu uma dessas missões:

> Após voarmos seis horas, subimos para a altitude de bombardeio... Alcançamos 11 mil metros, e, assim que saímos da tempestade, lá estava o monte Fuji, bem na nossa frente.
> E é uma vista linda, de verdade.

O oficial bombardeiro de Hiatt, um homem chamado Glenn, começou a fazer seus cálculos na mira Norden, focado na fábrica

Nakajima. Mas o telescópio da mira não se alinhava com o alvo cada vez mais próximo. Hiatt continuou:

> Ele se virou e disse: "Não consigo colocar esta droga de telescópio no alvo." Então chamamos o operador de radar para verificar nossa velocidade absoluta, e ele respondeu dizendo que tínhamos um vento de cauda de 125 nós. Que estávamos indo a 770 quilômetros por hora. Era impossível – não podia ser. Não existem ventos assim.

Não existem ventos assim. Nenhum piloto da Força Aérea do Exército tinha vivenciado o que estava acontecendo com os bombardeiros B-29 no Japão. Eles nunca tinham visto ventos *assim*.

"Nós estávamos a 770 quilômetros por hora quando devíamos estar a 550. Eu disse: 'Bom, Glenn, joga as porcarias das bombas.' Ele fez isso, mas já estávamos 20 quilômetros à frente do alvo por causa daquele vento", explicou Hiatt.

Eles ficaram chocados. E, de volta à base, não conseguiam explicar a seus superiores o que tinha acontecido.

> Quando apresentamos nosso relatório da missão, fomos interrogados. Não acreditaram na gente. "Não existe vento de 220 quilômetros por hora no Japão", disseram. "Não, isso não existe. Vento nenhum é forte desse jeito. Vocês estão mentindo. Vocês não conseguiram acertar o alvo e estão inventando coisas." Nosso oficial de operações estava no voo, e confirmou o que dissemos. Ele falou: "O vento estava forte assim mesmo."

O 21º Comando de Bombardeiros tinha uma equipe de meteorologistas. Eles estudaram na Universidade de Chicago.

Meteorologistas eram fundamentais para o sucesso dos bombardeios, especialmente antes da existência do radar sofisticado. Era preciso saber se havia nuvens sobre o alvo. Ou se um tufão estava prestes a engolir sua esquadrilha.

Porém as ferramentas disponíveis para os meteorologistas daquela época eram rudimentares. Sei que estou saindo um pouco do assunto, mas a informação mais fácil de esquecer sobre a Segunda Guerra Mundial é que ela aconteceu em outra era tecnológica. Foi metade século XX e metade século XIX. A principal ferramenta para prever o tempo eram balões, balões meteorológicos que voavam pela atmosfera com pequenos kits de instrumentos que registravam o vento, a temperatura e a umidade, transmitindo essa informação por rádio.*

John M. Lewis, pesquisador do Laboratório Nacional de Tempestades Severas, parte do Desert Research Institute, em Nevada, conheceu vários meteorologistas que trabalharam com a Força Aérea durante a guerra. Perguntei a ele se os balões são conectados ao chão com uma corda. Sua resposta: "Ah, não. Eles ficam soltos. Com o tempo, conforme a pressão diminui e os balões vão subindo – se expandem, se expandem, se expandem. Bum! Eles explodem e caem no chão com o instrumento. E, aí, todos têm um recado junto com os instrumentos: 'Você poderia devolver isto para a Universidade de Chicago, por favor? O endereço é tal e tal.'"

No teatro de operações de guerra do Pacífico, isso obviamente não daria certo.

---

* Meteorologistas ainda usam balões meteorológicos. Duas vezes por dia, balões cheios de hidrogênio ou hélio são soltos simultaneamente de 900 locais pelo mundo. Um instrumento preso ao balão, chamado de radiossonda, mede a pressão atmosférica, a temperatura e a umidade e transmite essas informações para o equipamento de rastreio no solo.

Então lá estavam eles, os meteorologistas, no meio do oceano, com um dos trabalhos mais importantes de toda a equipe – determinar quando enviar bombardeiros – e sem saber o que fazer. O que eram esses ventos fortíssimos que os pilotos encontravam sobre o Japão? Perguntei a Lewis se havia algum motivo para suspeitar que os ventos seriam tão fortes perto do monte Fuji. Sua resposta: "Eles não chegaram a nenhuma conclusão antes de os pilotos voltarem."

Após todas as missões de bombardeio no Japão em 1944, os tripulantes voltavam para a base e contavam a mesma história. Como Ed Hiatt se lembraria mais tarde:

> Um exemplo de como esses ventos eram fortes: uma vez, um avião de reconhecimento foi tirar fotos depois de uma missão, para verificar se ela havia sido eficiente, e o navegador chamou o piloto, dizendo que estavam andando cinco quilômetros por hora para trás. E não dava para fazer algo assim porque, se você passasse do leste para o oeste, viraria um alvo fácil para os caças japoneses ou a artilharia antiaérea.

Os pilotos tinham encontrado um fenômeno que seria conhecido como corrente de jato, um fluxo de ar rápido que circula o globo acima da troposfera, começando a 6 mil metros de altitude. Na verdade, um cientista japonês chamado Wasaburo Ooishi descobriu as correntes de jato na década de 1920, em uma série de experimentos pioneiros. Porém Ooishi era fissurado pelo esperanto, o idioma artificialmente elaborado que estava na moda na época, então só publicava suas descobertas nessa língua. Ou seja, quase ninguém as leu. E, como ninguém jamais havia alcançado as altitudes em que o B-29 voava, não havia relatos em primeira mão de correntes de jato. Aquilo era um mistério.*

Como John Lewis explicou para mim: "Essa corrente rápida de ar, muito estreita, vai do norte para o sul nos dois hemisférios. Em resumo, ela separa o ar muito frio das regiões polares do ar mais quente equatorial e de latitudes medianas."

Quando perguntei a largura da corrente de jato, ele respondeu: "Eu diria que ela costuma ter 200 quilômetros de extensão, algo dessa grandeza, nunca 1.000 quilômetros, raramente 500, às vezes 100."

Era uma descoberta tão recente que ninguém tinha se dado conta de que ela cerca o planeta inteiro. Lewis explicou: "Isso só foi compreendido no começo da década de 1950, quando começamos a fazer observações em altitudes superiores com certa frequência nos Estados Unidos e em alguns países da Europa."

A corrente de jato circula a Terra inteira, uma faixa estreita de vento extremamente rápido. Ela vai para os polos durante o verão e desce para o equador nos meses de inverno.

E, no inverno e no começo da primavera de 1944, essa faixa estreita de ar com força de furacão estava justamente sobre o Japão. Por isso, era impossível que os pilotos de Hansell executassem os bombardeios de precisão que tinham planejado. Se tentassem atravessá-la, o avião seria jogado para o lado.

---

* Após Ooishi, alguns outros descobriram as correntes de jato. Na década de 1930, um meteorologista sueco chamado Carl-Gustaf Rossby identificou e descreveu a corrente de jato e um tipo de ondas atmosféricas que depois seriam batizadas de "ondas de Rossby". Em 1935, o piloto americano Wiley Post se tornou o primeiro a vivenciar a corrente de jato diretamente. Post era conhecido por seus experimentos ousados e descobriu os ventos fortes da corrente de jato durante uma de suas tentativas de fazer um voo transcontinental em alta altitude. Apenas após um meteorologista alemão descrever os ventos fortes como *strahlströmung*, que é traduzido literalmente como "corrente de jato", o termo passou a ser usado.

Se voassem contra ela, precisariam lutar para permanecer voando e seriam um alvo fácil para os japoneses. E se voassem a favor, sua velocidade aumentaria tanto que seria impossível mirar direito.

O sonho nascido em Maxwell Field na década de 1930 e tornado possível pela genialidade de Carl Norden se deparara com uma força imbatível nos céus do Japão.

Esse era um obstáculo diferente do que tinha sido enfrentado pela Máfia dos Bombardeiros em Schweinfurt e Regensburg. Lá, Hansell podia dizer para si mesmo que havia solução para o problema, que o primeiro ataque tinha sido uma experiência de aprendizado, que os bombardeios ficariam cada vez melhores e mais precisos. Todo revolucionário compreende que o caminho para a transformação radical nunca é simples. Programadores de software criam uma versão beta, depois a 1.0, depois a 2.0, porque sabem que nunca vão acertar de primeira.

Porém, no caso da corrente de jato sobre o Japão, não havia versão 2.0, não havia revisão que Hansell pudesse usar para fortalecer sua fé. Seria impossível executar um bombardeio de precisão em grande altitude no meio daquele vento.

Os sonhos dos revolucionários perdem o rumo quando são forçados a enfrentar um obstáculo inesperado – não algo racional, como inexperiência, pressa ou um erro de cálculo, mas um problema incontornável. E, nesse momento de vulnerabilidade e frustração, com seu sonho dilacerado aos seus pés, Haywood Hansell, como Jesus no deserto, se deparou com uma tentação. Como é dito na Bíblia:

> Jesus, cheio do Espírito Santo, voltou do Jordão e foi levado pelo Espírito ao deserto, onde, durante quarenta dias, foi tentado pelo diabo.

O que o diabo fez? Ele levou Jesus ao topo de uma montanha alta – na história, o pico na estrada entre Jerusalém e Jericó – e lhe ofereceu poder sobre tudo que conseguia enxergar.

> O diabo o levou a um lugar alto e mostrou-lhe num relance todos os reinos do mundo. E lhe disse: "Eu lhe darei toda a autoridade sobre eles e todo o seu esplendor, porque me foram dados e posso dá-los a quem eu quiser. Então, se você me adorar, tudo será seu."

Você pode ter tudo. Vitória sobre os inimigos. Domínio sobre tudo que conseguir enxergar a 6 mil metros de altura. A única coisa que precisa fazer é abandonar a sua fé.

CAPÍTULO SETE

"Então, se você me adorar, tudo será seu"

1.

A tentação de Haywood Hansell exige uma digressão, só este capítulo, saindo de aviões e bombardeios e ventos fortes sobre o Japão para uma reunião. Uma reunião secreta, no começo da guerra, em Cambridge, Massachusetts.

O presidente do MIT estava lá, acompanhado, entre outras pessoas, de um vencedor do prêmio Nobel, do presidente da Standard Oil Development Company e de dois professores – Louis Fieser, de Harvard, e Hoyt Hottel, do MIT, um gigante da área que depois se tornaria presidente e líder espiritual do grupo.

O encontro foi organizado a pedido do órgão que depois se tornaria o Comitê Nacional de Pesquisa para Defesa (NDRC, na sigla em inglês). O NDRC era o grupo governamental encarregado de criar novas armas para o Exército dos Estados Unidos. Seu trabalho mais famoso foi o Projeto Manhattan, é claro, a operação multibilionária em Los Alamos para desenvolver a bomba atômica. Porém a escala do esforço de guerra era tamanha que o NDRC tinha vários outros projetos em andamento. Em cantos obscuros, cidadãos americanos trabalhavam em esquemas secretos. Missões foram lançadas sem ninguém saber. Ideias adotadas em um lugar contradiziam ideias adotadas em outro. Durante os anos da guerra, para ser bem clichê, a mão direita do governo dos Estados Unidos nem sempre sabia o que a mão esquerda fazia. E um desses projetos misteriosos da mão esquerda era o subcomitê de Hoyt Hottel.

Diferentemente dos gênios em Los Alamos, esses homens não eram físicos. Seu trabalho não era encontrar uma maneira melhor de explodir as coisas. Eles eram químicos. Especialistas nas consequências peculiares de misturar oxigênio, combustível e calor. Seu trabalho era encontrar uma maneira melhor de queimar as coisas.

Como Hoyt Hottel contou após a guerra: "Em 1939, muita gente achava que, mais cedo ou mais tarde, entraríamos em um conflito e que estávamos pouco preparados. Precisávamos aprender mais sobre bombas incendiárias."

O grupo de químicos, executivos da indústria e vencedores do prêmio Nobel de Hottel começou a se reunir sempre que possível. Eles faziam planos, reformulavam ideias, bolavam esquemas. E, no dia 28 de maio de 1941, durante uma sessão em Chicago, fizeram seu primeiro progresso real. Hottel contou ao comitê sobre um incidente estranho que tinha acabado de acontecer em uma instalação química da DuPont em Delaware. Um grupo fazia experimentos com algo chamado divinil acetileno. Era um hidrocarboneto – um subproduto do petróleo – que, se misturado a um pigmento, fazia a tinta secar e virar um filme adesivo duro e grosso. Mas o filme pegava fogo, e isso era um problema para uma fabricante de tinta como a DuPont. No entanto, para os piromaníacos no comitê de química do NDRC, essa era uma informação *fascinante*.

Ao redor da mesa, um homem levantou a mão. *Vou pesquisar sobre o assunto.* Era o professor de química de Harvard, Louis Fieser.

Fieser nasceu em Ohio, em 1899. Ele se formou em química na Williams College, fez doutorado em Harvard e concluiu o pós-doutorado entre Oxford e Frankfurt. Antes da guerra, foi a primeira pessoa a sintetizar a vitamina K. Sua assistente de pesquisa era sua esposa, a igualmente brilhante Mary Fieser. Mulheres não eram contratadas como professoras de química naquela época, mas, em conjunto, o casal escreveu um dos livros didáticos de química mais usados no século XX. Fieser era careca e meio corpulento. Ele exibia um bigode e estava sempre com um cigarro na mão.

Além disso, era um homem imaginativo e excêntrico. Sua biografia científica, publicada em 1964, começa por seu trabalho no período de guerra, mas logo se volta para descrições detalhadas de objetos como uma bomba incendiária portátil que ele chamava, em homenagem à sua empregadora, de "Vela de Harvard". Há um capítulo sobre prender dispositivos incendiários a morcegos. Um trecho longo discorrendo sobre como acender uma mancha de 4 mil litros de óleo. Planos detalhados para um comedouro de pássaros à prova de esquilos. E, a cereja do bolo, um capítulo sobre um de seus muitos gatos, o siamês chamado Syn Kai Pooh.

Nos arquivos do Science History Institute, há uma entrevista extensa com um colega de Fieser chamado William von Eggers Doering, que lecionou química por muitos anos em Yale e Harvard. A entrevista dura horas – e é estranhamente instigante. É um vislumbre do mundo de cientistas que tinham autorização para serem só um pouquinho loucos. Doering se lembra de trabalhar no laboratório de Fieser bem no começo da guerra:

> Meu Deus, qual era o composto que a gente queria encontrar? Ah, sim, nitrato de trinitrobenzil. [*risada*] Escuta só: você coloca – lembra daqueles tubos de Carius pesados?

> Eles eram usados em um tipo de análise em que você digeria alguma coisa com ácido nítrico em temperaturas altas. Eram uns tubos de 20 centímetros de grossura, com 2,5 centímetros de diâmetro no interior e uns 60 centímetros de altura. Então você coloca lá dentro uns 20 ou 30 gramas de TNT, um pouco de bromo, sem solvente. Aí fecha a porcaria do tubo, coloca ele numa bomba – uma bomba de ferro –, sabe, com um arame enroscado ao redor pra aumentar a temperatura [*risada*]... Então, depois disso, se você colocasse o tubo de aquecimento naquele espacinho, e se ele explodisse, o vidro bateria nessa parte pequena da parede [*risada*] à esquerda, e na outra à direita. Bom, é claro que metade dos tubos explodiu! [*risada*]

Doering foi um dos grandes químicos da sua geração. Ele publicou seu primeiro trabalho científico em 1939 e o último em 2008 – oito décadas de dedicação. Em todas as fotos que encontrei, usava uma gravata-borboleta de bolinhas. Porém, nesta entrevista, ele parece um garoto de 13 anos em um laboratório de química de brinquedo:

> O laboratório ficava todo sujo de bromo, e você nunca sabia quando o TNT ia explodir! [*risada*]... Ah, meu Deus, que fase maravilhosa! Os alemães descrevem certas pessoas como *tierisch ernst*, que significa alguém que tem uma seriedade animalesca. Preciso dizer que havia muito pouco disso [*risada*] naquela época! [*risada*]

Quando Louis Fieser ia ao laboratório, fumando seu cigarro onipresente, os alunos da pós-graduação pregavam peças nele.

Louis vinha falar com o seu pessoal e sempre jogava os cigarros na pia, ainda acesos. Então a brincadeira era tentar adivinhar quando ele apareceria e jogaria éter [*risada*] na pia, na esperança de ela pegar fogo. [*risada*]

Na esperança de ela pegar fogo!
O fogo não era apenas um objeto de interesse intelectual para as pessoas no laboratório subterrâneo de Fieser. Também era uma obsessão, uma fixação. Então, quando Hoyt Hottel contou ao subcomitê que alguma coisa em uma das misturas de tinta da DuPont entrava em combustão espontânea, quem foi o primeiro a levantar a mão? Fieser, é claro. *Vou pesquisar sobre o assunto.* E, para ajudá-lo na investigação, ele se voltou de imediato para outro membro da sua turma do porão. Em sua biografia, Fieser escreveu: "Eu me ofereci principalmente porque havia um homem no meu grupo de pesquisa dos tempos de paz que tinha a qualificação ideal para fazer experimentos e avaliar um elemento químico perigoso. O Dr. E. B. Hershberg.

Conversei com o filho de E. B. Hershberg, Robert Hershberg, e perguntei como seu pai conhecera Fieser. Ele disse: "Primeiro, ele era de Boston, e acredito que a resposta mais rápida e mais curta seja que havia pouquíssimos empregos para judeus, e Fieser estava pouco se lixando para religião. Então ele foi parar nesse laboratório."

E. B. Hershberg era, nas palavras de Louis Fieser, "um grande experimentalista da química orgânica, também versado em engenharia, desenho técnico, carpintaria, e em fotografia. Ademais, Hershberg tinha experiência com explosivos militares, fusíveis, gases venenosos, bombas de fumaça e granadas", e tinha inventado uma longa lista de dispositivos, incluindo "o agitador de Hershberg, o motor de agitação de Hershberg e o aparelho de ponto de fusão de Hershberg".

Como relembra Robert:

> Nosso porão tinha bombas desmontadas e coisas assim, e [tenho] fotos das explosões que aconteceram. E alguns dos dispositivos incendiários ficavam em gavetas na escrivaninha. Havia coisas como cadernos com dispositivos incendiários; caso você fosse capturado, podia tirar a caneta [e] teria meia hora para escrever tudo, pegar o que quisesse e sair de lá antes de o dispositivo explodir e incendiar o prédio.

Esse era E. B. Hershberg.

Então Louis Fieser foi a Delaware para investigar o composto da DuPont que fez a tinta pegar fogo: o divinil acetileno. Depois de voltar para Harvard, ele e Hershberg começaram a fazer pequenas quantidades disso. Os dois colocavam o composto em tinas de metal e as deixavam no peitoril da janela no laboratório. A substância ia se transformando aos poucos em um gel grosso e viscoso. Eles cutucavam o gel com palitos. Então colocaram fogo nas tinas e notaram – esta é uma citação direta do livro de Fieser, porque é uma observação fundamental – "que, quando um gel viscoso queima, ele não se torna fluido, mas retém sua viscosidade, sua consistência gosmenta. O experimento sugeriu a ideia de uma bomba que se espalharia em grandes massas flamejantes de gel grudento".

Você lança a bomba, e o gel se espalha. E ele não queima simplesmente e apaga. Grandes massas de gel voam para todo lado, grudando em qualquer superfície que encontram – e continuam queimando, queimando, queimando.

Hershberg e Fieser agora precisavam encontrar uma forma de testar esse novo conceito de gel incendiário. Então construíram uma pequena estrutura de madeira de 60 centímetros de altura no laboratório e compararam o desempenho de várias fórmulas do gel ao queimá-la. O divinil acetileno se saiu bem. Porém um gel feito de borracha e benzeno se saiu melhor. E um com gasolina se saiu melhor ainda. Eles tentaram folha de borracha defumada de cor amarelada. Borracha-crepe clara. Látex. Borracha vulcanizada. Fizeram um protótipo, o colocaram em uma mala e o levaram de trem até Maryland, entregando-o para um carregador guardar. O homem disse: "Está tão pesado que parece uma bomba."

Depois, os dois testaram o naftenato de alumínio, um piche preto grudento feito por uma empresa de produtos químicos em Elizabeth, Nova Jersey. O piche não se misturou muito bem com a gasolina, mas o problema foi resolvido com o acréscimo de algo chamado palmitato de alumínio. Gasolina misturada com *naf*tenato de alumínio mais *palm*itato de alumínio.

Napalm.

Robert Neer, autor de *Napalm: An American Biography* (Napalm: Uma biografia americana), me explicou por que o napalm é tão eficiente:

> Se você quiser uma substância incendiária eficiente, algo grudento funciona muito melhor do que algo que não gruda, porque se adere ao objeto a que transmite sua radiação. E é por isso que o napalm funciona tão bem.
>
> Se o material gelatinoso for mole ou aguado demais, não vai fornecer uma quantidade muito grande de radiação ao objeto em que está grudado. Você pode pensar em um coquetel molotov cheio de gasolina, explodindo e espalhando o combustível. Ele pode causar queimaduras horríveis, só que o fogo apaga relativamente rápido. Por outro lado, se o napalm é jogado, ele gruda.
>
> Um gel líquido demais produziria o que eles chamavam com desdém de "molho de maçã". Em outras palavras,

seus glóbulos não eram espessos nem sólidos o suficiente para aderir às superfícies. E algo na medida certa formaria blocos muito grandes. Precisava haver um equilíbrio entre espesso demais, ralo demais e na medida certa. E foi isso que eles conseguiram com o napalm.

Eu e Neer visitamos o campo de futebol de Harvard, bem atrás da faculdade de Administração, que fica do outro lado do rio do campus principal. Foi ali que Hershberg e Fieser testaram o napalm em 1942. Hershberg encontrou uma forma de transformar o novo gel numa bomba: inserindo um pedaço de TNT revestido por uma camada de fósforo branco bem no meio de uma lata de napalm. O fósforo queimava em uma temperatura muito alta, então o TNT detonava, jogando o fósforo flamejante no gel de napalm, provocando sua ignição e lançando pedaços por todo lado. Como invólucro da bomba, eles usaram uma cápsula originalmente projetada para abrigar gás mostarda. Robert Neer descreveu a cena:

> Era Dia da Independência, 1942. Eles finalizaram a fórmula do gel incendiário em 14 de fevereiro, dia de São Valentim. E então bolaram o sistema de ignição com o fósforo branco, pegaram as cápsulas para as bombas com os militares e construíram os protótipos.
> Eles cavaram uma lagoa no campo. Creio que tivesse uns 30 metros de diâmetro. Era uma lagoa larga, porque não queriam que ninguém se machucasse. E eles tinham uma lata bem grande de napalm que iam explodir no centro. Então colocaram a bomba no meio da lagoa, que encheram com água dos caminhões do Departamento de Incêndio de Cambridge.

O nascimento do napalm. Batizado em 20 centímetros de água no meio do campo de futebol de Harvard. Quando fazia sua pesquisa, Robert Neer notou um pequeno detalhe nas fotos daquele dia.

Nas primeiras imagens do teste, há pessoas vestidas de branco jogando nas quadras de tênis. E, depois que a bomba explode, dá para ver que as quadras estão vazias... Então talvez eles tenham avisado que iam testar uma bomba de napalm, ou talvez tenham deixado todo mundo continuar jogando tênis e as pessoas saíram correndo. Não sei. Ninguém se feriu. Depois que a bomba explodiu, eles catalogaram com muito cuidado a distribuição e o tamanho dos glóbulos apagados de napalm, porque isso os ajudava a determinar a consistência mais eficiente do gel.

Fieser e Hershberg levaram sua criação de volta para o Comitê Nacional de Pesquisa para Defesa, e Hottel se deu conta de que finalmente tinham encontrado o que procuravam: o napalm, criado em Harvard, aperfeiçoado nos campos que margeiam o rio Charles.

2.

Nunca houve dúvida de como o napalm seria usado. A intenção era usá-lo contra o Japão.

Alguns meses após Pearl Harbor, dois analistas americanos publicaram um artigo na *Harper's Magazine*. Quando chegar a hora de nos vingarmos contra o Japão, argumentavam os autores, há uma forma bem fácil de fazer isso. Fogo. Osaka foi seu estudo de caso. As ruas da cidade são muito estreitas. Ruas estreitas significam que o fogo consegue atravessar bem rápido de um lado para o outro. E a cidade não tinha muitos parques que poderiam impedir o alastramento do incêndio.

Além do mais, diferentemente das cidades ocidentais, as japonesas não eram feitas de tijolos e cimento. As colunas, as vigas e o assoalho das casas eram todos de madeira. Os forros eram feitos de papel pesado ensopado em óleo de peixe. As paredes eram de madeira ou estuque fino. No interior, havia tatames – tapetes de palha. As casas japonesas eram verdadeiros barris de pólvora.

Segundo os analistas: "Após muitos cálculos, determinamos que a cobertura combustível na região de 65 quilômetros quadrados que corresponde ao centro de Osaka é de 80%, em comparação com 15% de Londres."

Oitenta por cento – é quase a cidade inteira.

As pessoas que escreveram o artigo não eram oficiais militares nem políticos da Casa Branca. A ideia de destruir 80% de uma cidade inimiga – queimá-la até não restar quase nada – era uma barbaridade. William Sherman, o general que comandou o Exército da União em sua última incursão pelo Sul dos Estados Unidos após a Guerra Civil Americana, ficou conhecido por queimar Atlanta. Mas não Atlanta inteira. Os centros comerciais e industriais. Não os civis em suas casas. Após Pearl Harbor, no entanto, essa ideia que era uma barbaridade começou a parecer menos bárbara. Não era verdade que boa parte da produção industrial japonesa acontecia na casa das pessoas? Não era verdade que o esforço de guerra acontecia tanto em salas de estar quanto em fábricas? Um processo gradual de racionalização começou a acontecer.

A historiadora Tami Biddle, da Army War College, explica:

Sobre o Japão, nós ainda dissemos para nós mesmos, "Bom, tem muitas indústrias nas cidades" – a mesma coisa que os britânicos falaram quando passaram para os bombardeios de área. Se você é uma pessoa ética e quer conseguir dormir à noite, conciliando suas ações com os seus princípios, precisa encontrar uma linguagem e conceitos para dizer a si mesmo que está fazendo algo aceitável.

Àquela altura, a decisão foi: *Tudo bem, chega de brincadeira. Precisamos fazer de tudo para acabar com essa nação.*

Hoyt Hottel escutou essas conversas, essas racionalizações. Será que ele leu o artigo na *Harper's*? Deve ter lido. O NDRC lhe disse para investigar a utilidade de dispositivos incendiários como armas de guerra, então ele decidiu – como bom cientista que era – testar esse novo recurso, o napalm. Hottel bolou um dos experimentos mais complexos da guerra: um teste de demonstração da bomba incendiária em Dugway Proving Ground, a instalação de testes de 325 mil hectares do Exército no meio do deserto de Utah.

Segundo Hottel: "Esses generais não acreditam no que cientistas fazem. Eles só acreditam no que acham que conseguem visualizar. Nós precisamos construir um vilarejo japonês e um vilarejo alemão. É impressionante a grandiosidade do esforço dedicado a criar essas coisas." Eles montaram duas réplicas perfeitas de casas inimigas nas areias do deserto de Utah.

Hottel chamou os melhores arquitetos. Para o vilarejo alemão, ele contratou Erich Mendelsohn, um arquiteto alemão judeu brilhante que tinha projetado alguns dos prédios em art déco e arte moderna mais bonitos das décadas de 1920 e 1930. Para o vilarejo japonês, ele trouxe Antonin Raymond, que passou anos morando no Japão e provavelmente é um dos arquitetos ocidentais mais admirados pelos japoneses até hoje.

Hottel explicou a dedicação com que cada réplica de vilarejo foi construída: "Decidimos que os tapetes de palha de arroz de 60 centímetros que caracterizam o lar japonês, os tatames, eram importantes, porque seriam a maior resistência à passagem da bomba entre um andar e outro. Então precisávamos dos tatames."

Foram criadas 24 residências – 12 complexos com duas unidades cada. Elas incluíram *shōji* – as portas de correr – e cópias perfeitas de cortinas japonesas.

Antonin Raymond também tinha padrões bem altos. Hottel relembra: "Ele queria que a marcenaria fosse feita sob a sua supervisão em Nova Jersey. Nós queríamos construir em Utah, a madeira vinha do Pacífico, a marcenaria tinha que ser feita em Nova Jersey – e isso tudo é absurdo."

O gerente de projeto de Hottel, Slim Myers, era outro perfeccionista. "Slim disse: 'Dane-se, a gente precisa fazer tudo do jeito certo. Esses generais não vão nos impedir porque esquecemos alguma coisa muito característica. Precisamos acertar.'"

No verão de 1943, os vilarejos-modelo de Hottel estavam prontos para os testes. Os militares mandaram uma esquadrilha de bombardeiros para Dugway. Os aviões jogaram os dispositivos incendiários um atrás do outro. E, após cada rodada, as equipes em terra consertavam os danos. Hottel testou primeiro as bombas de termita, que eram as favoritas do comandante Arthur Harris, da RAF, em seus bombardeios noturnos sobre a Alemanha. Os resultados foram comparados com os do napalm de Hershberg e Fieser, acomodados em bombas chamadas M69. Hoyt Hottel e sua equipe ficaram aguardando, registrando tudo.

Hottel explicou: "No início, decidimos que não daria para esperar o caminhão dos bombeiros. Precisávamos apagar o incêndio rápido. Na verdade, a gente tinha que começar antes de todas as bombas terminarem de cair."

Ele agrupou os incêndios que viu em três categorias de destruição: (a) incontrolável dentro de seis minutos, (b) destrutivo se não for controlado, e (c) não destrutivo. O napalm foi o vencedor de longe, com uma taxa de sucesso de 68% na primeira categoria nas casas japonesas. Ele causou incêndios incontroláveis. Em contraste, a termita britânica ficou em segundo lugar. Com o napalm, os Estados Unidos tinham criado uma superarma. E o Exército estava tão orgulhoso de sua nova bomba que produziu filmes promocionais elogiosos sobre ela.

> O principal componente da bomba M69 [é] uma meia de gaze de algodão contendo uma gasolina gelatinosa especialmente processada. Ao entrar em combustão, o recheio de gel se transforma em uma massa pegajosa e ardente, espalhando-se por quase um metro de diâmetro. Ele queima a cerca de 540 graus Celsius por 8 a 10 minutos. Para bombardeios aéreos, a M69 é montada em grupos de 38. O aglomerado é solto e se abre, e as bombas individuais, com as fitas de gaze voando, caem no alvo.

3.

Imagine que você fizesse parte da Máfia dos Bombardeiros e, por um acaso, estivesse presente no teste em Dugway Proving Ground. Você viu a reconstrução meticulosa dos vilarejos japoneses. Escutou os B-29s – os *seus* B-29s – zunindo pelos céus antes de soltar suas cargas inflamáveis. Você viu as casas tomadas pelas chamas. O que teria achado disso tudo?

Imagino que você teria ficado desnorteado. A Máfia dos Bombardeiros estava obcecada pelo potencial da mira Norden, uma máquina que usava a tecnologia para redefinir a guerra, para torná-la mais humana, para restringir os impulsos assassinos dos generais nos campos de batalha. Se não usássemos a engenhosidade humana e a ciência para melhorar a maneira como as pessoas conduziam seus conflitos destrutivos, então qual era o sentido? Era para isso que a inovação tecnológica *servia*.

Porém, de repente, você se via no meio do deserto de Utah, sob um sol forte, observando um exercício militar autorizado e patrocinado pelo mesmo Exército americano que pagou pela sua mira Norden. Só que essas pessoas estavam usando a ciência e a engenhosidade para criar *aparatos incendiários*, bombas que seriam lançadas do céu com o objetivo de começar incêndios violentos e indiscriminados. Você vinha fazendo um esforço sobre-humano para não acertar nada além dos alvos industriais mais importantes. Agora o Exército usava seu dispositivo de bombardeio de precisão para destruir a casa dos outros. Aqui estava o governo – os seus chefes militares em Washington – adotando uma técnica que era 100 por cento contrária aos seus princípios. Isso sem mencionar o trabalho no deserto do Novo México que era segredo de Estado, no qual as pessoas mais inteligentes do mundo estavam recebendo bilhões de dólares para criar uma arma com efeitos tão devastadores, tão catastróficos, que mudaria para sempre a política internacional. Se as bombas incendiárias eram uma traição da doutrina do bombardeio de precisão, então a bomba atômica era o quê? Pelo amor de Deus. Ela era um Judas tecnológico.

Mas, por outro lado, depois que a indignação inicial passasse, talvez você tivesse outro pensamento. Um pensamento indesejável. Uma tentação.

Porque o napalm solucionaria todos os problemas que Haywood Hansell e seus bombardeiros de precisão vinham enfrentando na guerra até então. O plano de ataque não estava funcionando. As condições que ele enfrentava eram piores do que as que a maioria dos comandantes de combate tinha encontrado durante toda a guerra aérea. Seus aviões não conseguiam acertar o que queriam por causa dos ventos de grande altitude e das nuvens sobre Tóquio. Então talvez, dizia o pensamento, fosse melhor nem tentar *mirar* em nada. Só queimar tudo. O lugar era um barril de pólvora. *Tudo que Haywood Hansell precisava fazer era adotar o napalm.* Ele poderia comandar bombardeios de área contra os japoneses, mas com uma arma que era muito, muito mais mortal que as bombas usadas pelos britânicos contra a Alemanha. *Uma taxa de sucesso de 68% na categoria (a) em casas japonesas, onde incêndios se tornavam incontroláveis dentro de seis minutos.*

Na Bíblia, Jesus passa 40 dias e 40 noites no deserto, sendo tentado por Satanás. Haywood Hansell lançou seu primeiro ataque aéreo contra o Japão em 24 de novembro de 1944. Seu último dia como comandante do 21º Comando de Bombardeiros foi 19 de janeiro de 1945. Isso totaliza 55 dias na selva das Marianas, tentado a abandonar tudo por que lutava e em que acreditava em troca de uma chance de vencer o inimigo japonês.

Ao longo desses 55 dias, a pressão sobre Hansell se tornava cada vez maior. O Exército enviou milhares de latas de napalm para o arquipélago. Os oficiais insistiam para ele experimentar – só experimentar – lançar um ataque incendiário em grande escala contra o Japão.

Hansell perdeu um B-29 em quase todas as missões importantes. A margem de erro para voltar para as Marianas era tão minúscula que os aviões danificados às vezes mergulhavam no Pacífico a caminho de casa, desaparecendo para sempre. O moral despencou. O mesmo general Hansell que tinha demonstrado um entusiasmo quase absurdo diante das possibilidades do bombardeio de precisão um ano antes agora tinha se tornado uma pessoa sombria e zangada. Após outra missão fracassada na qual erraram completamente o alvo principal, um dos oficiais mais importantes da base, Emmett "Rosie" O'Donnell, fez uma reunião com os aviadores. Ele queria animá-los. "Rapazes. Está difícil. É uma missão complicada. Mas fico orgulhoso do trabalho de vocês, vocês estão indo bem." Então Hansell levantou. E arrasou todo mundo.

"Não concordo com Rosie. Não acho que vocês estejam fazendo por merecer seu soldo. E a missão. Se continuar assim... a operação será um fracasso." Hansell fez um de seus oficiais passar vergonha na frente de todo mundo, algo que jamais deveria ser feito por qualquer comandante que queira ser respeitado por seus subordinados.

O historiador Stephen McFarland descreveu Hansell para mim da seguinte forma:

> Ele é um personagem trágico, de certa forma. Pensar era o seu ponto forte. Ele ajudou a bolar uma estratégia, ajudou a criar os planos de guerra que levariam ao bombardeio da Alemanha e do Japão. Sua postura era quase filosófica. Ele era mais um pensador. Era mais... não quero dizer um nerd fracote.
>
> Ele não era um oficial de combate. Não era um grande líder. Falava em termos de ideais grandiosos. Hansell nunca usava palavrões, e os comandantes da guerra que não xingavam eram malvistos pelos pilotos. Eles queriam alguém com os pés no chão, que entendesse como as coisas eram.

No fim, Hansell foi se isolando. Segundo a historiadora Tami Biddle:

> Acho que, quando um comandante começa uma missão achando que sabe o que vai dar certo, em primeiro lugar,

ele acredita. Precisa acreditar, porque não enviaria tantos homens para o combate se não acreditasse no que está fazendo.

Você manda os soldados para a guerra com uma ideia e fica preso a esse raciocínio sobre o que é preciso fazer para tudo dar certo e justificar as vidas perdidas, justificar o sangue e o preço.

Acho que, quando comandantes estão em campo, fazendo algo tão intenso quanto o que Hansell tentou fazer entre outubro e dezembro de 1944, ficam obcecados. Acho que ele enfiou uma coisa na cabeça e estava determinado a fazer sua ideia dar certo.

A certa altura, no fim de dezembro, o segundo em comando de toda a Força Aérea do Exército, Lauris Norstad, deu uma ordem direta a Hansell: lance um ataque de napalm contra a cidade japonesa de Nagoya o mais rápido possível. Aquilo era, nas palavras de Norstad, "uma exigência urgente com propósitos de planejamento". Hansell fez um teste e queimou um mísero hectare da cidade. Então fez uma careta, deu de ombros e ficou enrolando, prometendo que faria algo maior no futuro, talvez, quando tivesse terminado outros serviços.

Ele não cedeu à tentação.

E, por se recusar a fazer isso, Norstad veio de Washington. Dá para imaginar o momento. O dignitário vindo de casa para fazer uma visita. A guarda de honra na pista de pouso. Uísque, charutos e fofocas no barracão *quonset* de Hansell. Então Norstad se vira para ele, do nada, e diz: "Você está fora. Curtis LeMay vai assumir o comando."

"Eu perdi o chão – fiquei completamente arrasado." Foi assim que, anos depois, Hansell descreveu o que sentiu naquele instante.

Norstad lhe deu 10 dias para se preparar para ir embora. Ele ficou vagando pela ilha, atordoado.*

Na sua última noite em Guam, ficou bêbado e cantou para seus homens: "Pilotos velhos nunca morrem, nunca morrem, apenas voaaam para longeee."

Curtis LeMay chegou à ilha para a mudança de comando pilotando seu próprio B-29. Os dois homens posaram para uma foto juntos. Le May perguntou: "Onde eu fico?" A câmera fez clique.

Depois disso, Hansell voltou para casa para cuidar de uma escola de treinamento no Arizona. Sua guerra havia terminado.

"Eu li muitas entrevistas com o homem", me contou o historiador Stephen McFarland. "Li algumas de suas cartas, e ele era realmente atencioso, ele se importava. E acreditava de verdade na missão, mas não estava disposto a matar centenas de milhares de pessoas. Ele não era assim. Sua alma não era assim."

---

* A última missão de Hansell foi em 19 de janeiro. Foi um sucesso enorme. Sessenta e dois B-29s destruíram a fábrica da Kawasaki. Segundo o historiador William Ralph: "Todos os edifícios importantes do complexo foram atingidos. A produção caiu 90%. Nenhum B-29 se perdeu. Hansell voltou para os Estados Unidos no dia seguinte." Que grande ironia.

CAPÍTULO OITO

"Tudo virou cinzas — tudo isso, e isso, e isso"

1.

O historiador militar Conrad Crane é especialista na carreira do major-general Curtis LeMay. Perguntei a ele sobre as intenções do comandante ao assumir o controle do 21º Comando de Bombardeiros no lugar de Haywood Hansell, em janeiro de 1945.

Segundo Crane: "Quando ele assume o 21º Comando de Bombardeiros, assim que chega às Marianas, sua estratégia ainda não foi elaborada. Sua mente está aberta." Se Hansell era inflexível, um homem cheio de princípios, LeMay era o oposto.

Vamos começar pelo começo. LeMay não ficou satisfeito com a estrutura militar nas Marianas. Tudo tinha sido montado pelo batalhão de construção da Marinha, os *Seabees*. Ele não tinha perdido seu desdém pela instituição, o ramo militar que ele acreditava ter trapaceado no exercício de bombardeio anos antes.

Como Crane explicou:

> LeMay olha ao redor, vê a situação precária das instalações e diz: "Assim não vai dar." Ele é convidado para jantar com o almirante Nimitz, que também está baseado nas Marianas, vai até lá e encontra um lugar todo... quase um palácio elaborado, e come um jantar muito formal, no estilo da

Marinha, com toalhas de mesa, pessoas servindo e tudo. Então ele convida Nimitz para jantar dali a alguns dias, e, quando o almirante aparece, eles se sentam em caixotes, em um barracão *quonset*, comem rações de campo. Ao final da refeição, Nimitz olha para LeMay e diz: "Certo, entendi." É aí que começam a mandar mais material de construção para ajudar a terminar as instalações.

LeMay começa testando sua própria versão da estratégia do seu antecessor. Ele decide atacar a fábrica de aviões Nakajima em Tóquio. Era preciso mostrar para si mesmo que o fracasso de Hansell não era culpa apenas de *Hansell*.

A primeira missão contra a Nakajima foi lançada em janeiro, seguida por outra em fevereiro, e uma terceira no começo de março. Centenas de B-29s fizeram o longo caminho até o Japão. E, no fim das contas, a fábrica continuou de pé.

Ele tinha se deparado com os mesmos obstáculos que Hansell. *Como vou forçar a rendição dos japoneses pelo ar se não consigo acertar* nada? Segundo Crane: "Não há mais nada que possa ser ajustado. Ele diz: 'Tudo bem, preciso tentar algo diferente.'"

LeMay começa com o vento. A corrente de jato é uma força imbatível. Ela não vai desaparecer, e ele se dá conta de que sua presença torna tudo impossível. A doutrina do bombardeio de precisão começa com a necessidade de o bombardeiro voar alto, bem fora de alcance dos ataques do inimigo e da artilharia antiaérea. LeMay abandona a doutrina. Ele decide que os B-29s terão que voar *por baixo* da corrente de jato.

Então havia as nuvens. A mira Norden só funciona se o oficial bombardeiro conseguir enxergar o alvo. Porém o Japão é quase tão nublado quanto a Inglaterra. Em fevereiro de 1945, a equipe de meteorologistas em Guam diz a LeMay que ele terá no máximo sete dias em março com o céu limpo o suficiente para conseguir enxergar os alvos. Em abril e maio seriam seis dias, e em junho, quatro. Como organizar um ataque contínuo contra o Japão se você só consegue executar bombardeios no máximo sete dias por mês?

Aqui vai um estranho trecho de fluxo de consciência na autobiografia de LeMay, em que ele escreve:

> Quantas vezes morremos na praia, bem aqui nestas ilhas? Nós reunimos os aviões, reunimos as bombas, a gasolina, os suprimentos, as pessoas. Organizamos a tripulação – tudo pronto para sair e executar a missão. E aí o que fazemos? Plantamos a bunda na cadeira e esperamos o tempo... Então o que vou tentar agora? Vou tentar agir *sem depender do tempo*. E, quando estivermos prontos para ir, iremos.

Então o que significa "tentar agir sem depender do tempo"? Significa que ele não apenas vai voar por baixo da corrente de jato, como vai voar por baixo das nuvens. LeMay faria os pilotos voarem entre 1.500 e 3.000 metros de altitude, mais baixo do que qualquer um já havia sonhado fazer um B-29 voar durante um bombardeio.

Crane explica: "Depois que ele entende que vai ter que baixar a altitude, isso leva a várias outras conclusões."

O próximo passo lógico: o bombardeio de precisão deveria ocorrer durante o dia. Era necessário enxergar o alvo para alinhar a mira. Mas, se os bombardeiros de LeMay voarem baixo e durante o dia, serão uma presa fácil para a defesa antiaérea dos japoneses, o que leva à decisão de atacar à noite.

A corrente de jato somada ao céu nublado significa baixa altitude. Baixa altitude significa noite. E a decisão de passar para ataques noturnos significa que não é mais possível executar bombardeios de precisão – chega de ficar ajustando a Norden, chega de voar em formações fechadas para coordenar o lançamento das bombas, chega de se preocupar com a posição exata do alvo.

E que arma ele usaria para esses ataques? Napalm. O napalm seria perfeito.

A raiva de LeMay por Schweinfurt e sua frustração com as condições impossíveis da Índia chegam ao limite. E então ele diz, no seu barracão *quonset* em Guam: "Vou fazer as coisas do *meu* jeito agora." Ele escreve o plano para seu grande primeiro ataque e, em vez de nomear um alvo específico – como a Máfia dos Bombardeiros sempre insistia em fazer –, simplesmente coloca: "Tóquio." Então, quando manda seu plano para Washington, para ser aprovado por seu chefe, o general Hap Arnold, certifica-se de que a mensagem chegue num dia em que Arnold não esteja no escritório, "para ele executar o primeiro ataque antes de Arnold conseguir entender o que vai acontecer", explica Crane. "Porque ele sabe que está se arriscando. Os B-29s são muito valiosos. Você está falando de atacar à noite, em baixa altitude. Ele deixa boa parte da munição e dos artilheiros para trás."

A única coisa que LeMay permite que os pilotos levem para se defender é a artilharia de cauda. Todas as outras armas são deixadas para trás. Ele quer remover o excesso de peso para conseguir carregar o máximo de napalm possível.

Os aviadores que participaram dessa missão nunca se esqueceram do momento em que receberam as instruções. David Braden, tripulante de um B-29, descreveu a reunião:

> E as pessoas fizeram um som de surpresa, porque ninguém nunca tinha cogitado voar baixo.

Aí você sai e a parte de baixo do seu avião foi pintada de preto. Então dava para perceber que aquilo seria diferente... A maioria dos caras achou que era uma missão suicida. Alguns entraram e escreveram cartas de despedida para a família, sabe, por causa da baixa altitude.

Só para deixar claro, 1.500 metros não é apenas baixo. É uma altitude inconcebível. Vinte anos depois, Haywood Hansell continuava chocado com a insanidade da ideia de LeMay:

> Já me perguntaram se eu teria feito igual. Acho, sinceramente, que a resposta é não. Acho que eu teria optado por 4.500 metros.
>
> Mas voar tão baixo, a 1.500 ou 3.000 metros, sem saber ao certo a densidade das defesas antiaéreas, na minha opinião, era algo muito perigoso e muito corajoso se desse certo, e acho que essa foi uma decisão pessoal do general LeMay.

Algo muito perigoso e muito corajoso. Não é necessário ler nas entrelinhas para entender o que Hansell quis dizer. No dia em que LeMay deu a ordem aos seus pilotos, quase teve que enfrentar um motim. Porém, se você o questionasse na manhã seguinte, ele teria dito: *Que outra opção eu tinha?* Como explicaria mais tarde: "Bem, eu acordei um dia, e já estava lá havia dois meses, sem ter feito muita coisa. Era melhor tomar uma atitude."

Ele realmente ficaria sentado ali, esperando as nuvens se dissiparem, a corrente de jato ir embora e seus oficiais bombardeiros se tornarem craques no manuseio da mira Norden? Em uma entrevista gravada muito depois da guerra, ele ainda pensa na saída humilhante de Haywood Hansell. Foi assim que respondeu às perguntas sobre sua estratégia:

> **Pergunta:** General LeMay, de onde saiu a ideia para os ataques em baixa altitude?
> **LeMay:** Nós debatíamos muitas ideias. Foi basicamente minha decisão. Eu a tomei. Ninguém dizia nada sobre bombardeios incendiários noturnos. Mas precisávamos de resultados, e eu tinha que apresentá-los. Se eu não fizesse isso ou se tomasse uma decisão errada, outro comandante entraria em cena. Foi o que aconteceu com Hansell. Ele não conseguiu resultados. Você precisa de resultados.

2.

Quase todas as histórias sobre a lenda de Curtis LeMay relatam sua frieza, sua crueldade, sua calma inabalável.

No capítulo 4, citei uma entrevista com ele no início da guerra, após voltar de uma missão de bombardeio na Europa:

> **Pergunta:** Coronel LeMay, como foi a viagem hoje?
> **LeMay:** Bom, foi ótima, só um pouco tediosa em comparação com algumas que já fizemos. Não havia caças no ar, e o fogo antiaéreo foi moderado e pouco preciso.

Ele tinha acabado de aterrissar depois de horas sobrevoando território inimigo, sendo alvejado por terra e atacado de todos os lados por caças alemães. *Um pouco tediosa em comparação com algumas que já fizemos.*

Na Europa, LeMay insistiu que seus pilotos não fizessem manobras evasivas quando voassem em direção ao alvo. Todos os tripulantes tinham pavor de fazer isso e acabar sendo abatidos pela artilharia antiaérea. Então LeMay disse: "Eu mesmo vou na frente na primeira missão." Lembra o que ele comentou mais tarde? "Admito certa inquietação da minha parte e de algumas outras pessoas a bordo quando executamos o primeiro bombardeio direto, mas deu certo."

Mais tarde, um dos pilotos contaria que, ao confessar seus medos para LeMay, ouviu como resposta: "Ralph, você provavelmente vai morrer, então é melhor aceitar isso. Você vai ficar bem mais tranquilo." *Esse* é o LeMay que conhecemos.

Porém, de vez em quando, surgem sinais de um outro LeMay – por exemplo, quando ele diz "Admito certa inquietação". Isso é um jeito codificado de dizer: "*Eu estava apavorado*, mas é claro que não poderia deixar ninguém perceber isso."* Não é possível liderar soldados em uma batalha se eles sentem o seu medo, então o pavor se transforma em um simples dar de ombros e um eufemismo extremo. LeMay era inflexível com seus homens na maneira incansável com que os preparava e treinava, mas se comportava dessa forma por um *motivo*. Porque se importava com eles. Em uma matéria sobre o general escrita por St. Clair McKelway, que serviu sob seu comando em Guam, há uma frase que parece explicar isso belissimamente. Ele se comportava daquela maneira porque tinha "um coração que se revoltava com

---

* Mesmo nas cartas para sua esposa, LeMay era de uma impassividade impressionante. No dia 12 de março, dois dias após o ataque contra Tóquio, ele mencionou o acontecimento apenas de passagem: "Fizemos uma missão boa em Tóquio no outro dia. Mandei uma mensagem para casa, para você ser avisada sobre o programa de rádio. Espero que chegue a tempo. Que bom que você gostou da sua bolsa de festa. Tenho certeza de que eu mimo você demais. Eu me lembro da época em que essa bolsa pagaria a conta do mercado por um mês inteiro."

o que a falta de disciplina e treinamento significaria para seus jovens tripulantes".

Na biografia de LeMay, há apenas um momento em que ele parece baixar a guarda emocional. É quando descreve a primeira vez que viu um avião. Foi na infância, no quintal da casa no bairro pobre em que sua família morava em Columbus, Ohio.

> De repente, no ar lá em cima, uma máquina voadora apareceu. Ela surgiu do nada. Apareceu ali, e eu queria pegá-la.
> As crianças são capazes de reunir uma força enorme em nome de ideais e ideias, na tentativa de conseguir o troféu que desejam. E ninguém estava me segurando, não havia ninguém por perto para dizer "Escuta, você é só um garotinho. Esse avião está no céu lá em cima, e não importa quanto você corra, não vai conseguir alcançá-lo. É impossível se esticar alto o suficiente para pegá-lo". Só pensei que talvez eu conseguisse pegar o avião e ficar com ele para mim, para que fosse meu para sempre. Então saí em disparada atrás dele.

LeMay correu pelo quintal dos vizinhos, por terrenos baldios, por calçadas. Mas é claro que não conseguiu pegá-lo. "Então ele desapareceu. Seu maravilhoso som e sua força, e a ilusão esquisita da Coisa, a Coisa feita de madeira e metal, atravessando o ar."

Então ele voltou para casa. E chorou.

A única vez que LeMay admitia uma emoção verdadeira era quando contava uma história da infância, em que o objeto da sua afeição era um dispositivo mecânico. É fácil entender a visão ética de alguém como Haywood Hansell ou dos outros membros da Máfia dos Bombardeiros, porque eles falavam o idioma grandioso da moralidade. Podemos travar a guerra de um jeito que satisfaça nossa consciência? Porém LeMay é alguém que pede um pouco mais de esforço para ser compreendido. Sua filha, Jane LeMay Lodge, falou sobre isso em uma entrevista de 1998.

> Houve algumas matérias muito ruins dizendo que ele queria começar a Terceira Guerra Mundial, que era um instigador e um abutre. Então você lê uma entrevista que fizeram durante a guerra sobre aquele bombardeio em baixa altitude – e ele não pôde participar dessa missão –, quando ele ficou parado na pista, contando os aviões, sabendo quantos partiam.
> Contando os aviões. Parado lá até todos voltarem. Veja bem, um homem insensível, sádico, que não se importa com o que faz nem em quem pisa, não faz esse tipo de coisa.

Então como LeMay teria justificado o bombardeio incendiário que pretendia executar contra o Japão? Bem, ele diria que um líder militar tinha a responsabilidade de fazer com que as guerras acabassem o mais rápido possível. Que era a *duração* da guerra, não as técnicas, que causava sofrimento. Se você se importava com a vida dos seus soldados – e com o sofrimento causado ao inimigo –, então devia travar a guerra mais implacável, focada e devastadora possível. Porque se a implacabilidade, o foco e a devastação transformassem um conflito de dois anos em um conflito de um ano, esse não seria o melhor resultado?

Satanás tenta Jesus ao lhe oferecer poder sobre tudo que enxerga – a oportunidade de derrotar o inimigo romano –, apenas se ele aceitar, segundo a explicação de um teólogo, "a tentação de fazer o mal para causar o bem; de justificar a ilegitimidade dos métodos com a grandiosidade do resultado". Haywood Hansell seguiu o exemplo de Jesus nessa questão: ele jamais faria o mal para causar o bem. Porém LeMay cogitaria seguir o diabo. Ele aceitaria métodos ilegítimos se levassem a um final mais rápido e vantajoso.

Como ele explicaria anos depois: "A guerra é uma situação ruim, terrível, e você vai matar muita gente. Não tem outro jeito. Acho que qualquer comandante ético tenta minimizar isso o máximo possível e, para mim, minimizar significava acabar com o conflito quanto antes."

Foi isso que ele disse para seus tripulantes quando explicou a nova missão: "O que estou propondo parece loucura, eu sei. Mas esta é a nossa única chance de acabar com a guerra. Fora isso, quais são as nossas opções? Vocês querem voltar para a época de Haywood Hansell, sentados na pista, esperando o tempo melhorar? Nós vamos passar *anos* aqui se for assim." Na Alemanha, os nazistas pareciam perto de se render. As pessoas nos Estados Unidos, que faziam sacrifícios havia quatro anos para sustentar a guerra, estavam exaustas. Curtis LeMay achava que não tinha tempo a perder. Ele precisava agir.

3.

Então: Operação Meetinghouse. A noite de 9 de março de 1945. O primeiro ataque em grande escala de Curtis LeMay contra a cidade de Tóquio.

Naquela tarde, houve a coletiva de imprensa obrigatória. O general Lauris Norstad, o homem que havia mandado Haywood Hansell fazer as malas, voara de novo de Washington até lá. Ele e LeMay conversaram com os correspondentes de guerra e explicaram o que podiam revelar ou não. Então os bombardeiros começaram a decolar, um por um, das pistas de Guam, Tinian e

Saipan – mais de 300 B-29s no total, uma armada. Totalmente carregados de napalm. LeMay ficou na pista, contando os aviões. Os primeiros só chegariam a Tóquio no começo da madrugada. Então, pelo restante do dia, não havia o que fazer além de esperar. À noite, LeMay foi para a sala de operações, sentou-se em um banco e fumou um charuto.

St. Clair McKelway, o relações-públicas da base, o encontrou sozinho ali, às duas da manhã. LeMay havia mandado todo mundo para casa. "Estou nervoso", disse a McKelway. "Muita coisa pode dar errado. Não consigo dormir. Geralmente eu durmo, mas hoje não."

Mais tarde, McKelway escreveria para a revista *The New Yorker** uma longa série de reportagens sobre seu tempo trabalhando com LeMay em Guam. Vale a pena citar seu relato sobre aquela noite interminável de espera:

> Ao decidir enviar seus B-29s para Tóquio voando entre 1.500 e 3.000 metros, LeMay aumentava o risco que os tripulantes corriam e sentia uma profunda responsabilidade por suas tropas. Ele estava colocando em risco o sucesso de todo o programa dos B-29s, que valorizava tanto no sentido emocional quanto operacional, e arriscava o próprio futuro, não apenas, creio eu, como oficial do Exército, mas como ser humano. Se aquela decisão custasse 70% dos aviões, 50% ou mesmo 25%, ele estaria arruinado, e para um homem como LeMay, imagino que seria em todos os sentidos da palavra, porque ele perderia a confiança em si mesmo.

---

* Após deixar seu emprego na *The New Yorker*, McKelway serviu como tenente-coronel no Exército. Como oficial de relações públicas, seu papel incluía censurar relatórios que poderiam ser prejudiciais aos seus colegas e superiores militares. Seus relatos no pós--guerra foram amplamente criticados, inclusive pela *The New Yorker*, por serem narrativas não confiáveis e por encobrir crimes de guerra.

McKelway sentou-se ao seu lado no banco. "Se o ataque funcionar como imagino, poderemos encurtar a guerra", disse LeMay. A mesma coisa que sempre dizia. Ele olhou para o relógio. Os primeiros relatórios do Japão ainda demorariam meia hora para chegar.

"Quer uma Coca-Cola?", perguntou LeMay. "Posso entrar no meu alojamento sem acordar os outros caras, pegar duas Cocas, e a gente bebe no meu carro. Isso vai matar boa parte do tempo." Nós nos sentamos no escuro, olhando a mata que cerca o quartel-general e é mais espessa no espaço entre a nossa clareira e o mar.

Os dois homens ficaram esperando naquela que seria a noite mais longa da guerra.

4.

A esquadrilha de B-29s de Curtis LeMay tinha como destino uma área de 30 quilômetros quadrados no centro de Tóquio, à beira do rio Sumida. A região incluía uma zona industrial, uma zona comercial e milhares de casas, em maioria da classe trabalhadora, formando o que, na época, era um dos distritos urbanos mais densamente habitados do mundo.*

---

* Como o historiador ambiental David Fedman explica, os mapas militares do ataque contra Tóquio revelam que as áreas habitadas por civis da classe trabalhadora foram visadas de propósito. Por quê? As casas dos pobres pegavam fogo com facilidade: "Não por acaso as regiões mais densamente habitadas da cidade corresponderam à zona de incêndio: os estrategistas queriam se aproveitar da vulnerabilidade dessa área, por ser composta de estruturas de 'papel e tapume' inflamáveis."

O primeiro Superfortaleza chegou a Tóquio pouco depois da meia-noite, jogando sinalizadores para marcar a área que seria o alvo. Então veio o massacre. Centenas de aviões – feras mecânicas aladas enormes rugindo sobre Tóquio, voando tão baixo que a cidade inteira pulsava com a vibração de seus motores. O medo do Exército americano sobre as defesas áreas da cidade se mostrou descabido: os japoneses estavam completamente despreparados para uma força de ataque voando a 1.500 metros de altitude.

As bombas caíram dos B-29s em aglomerados. Eram pequenos tubos de metal com 50 centímetros de comprimento, cada um pesando menos de três quilos, cheios de napalm. Bombinhas bebês, cada uma com uma longa fita de gaze no fim, de forma que, se você olhasse para o céu de Tóquio naquela noite, vislumbraria um evento de extraordinária beleza – milhares dessas adagas verdes brilhantes caindo.

E então: *bum!* No impacto, milhares de pequenas explosões. O cheiro sufocante de gasolina. Massas flamejantes de napalm voando em todas as direções. E aí vinha outra onda de bombardeiros. E outra. O ataque completo durou quase três horas; 1.665 toneladas de napalm foram lançadas. Os estrategistas de LeMay haviam previsto que aquela quantidade de bombas incendiárias, jogadas com tanta proximidade, produziriam uma tempestade de fogo – uma combustão de tanta intensidade que criaria e manteria seu próprio sistema de vento. Eles estavam certos. Tudo em um raio de 40 quilômetros quadrados pegou fogo.

Prédios explodiam em chamas antes de serem alcançados pelo incêndio. Mães fugiam com o bebê preso nas costas, apenas para descobrir – quando paravam para descansar – que o filho estava pegando fogo. As pessoas pulavam nos canais do rio Sumida e se afogavam com a corrente ou afundavam sob o peso das centenas de outras pessoas que também se jogavam. Elas tentavam se segurar em pontes de aço até que o metal ficava tão quente que elas precisavam soltar e caíam para a morte.

Dando voltas sobre Tóquio naquela noite estava o mestre bombardeiro – o subcomandante de LeMay, Tommy Power –, que coreografava o ataque. O historiador Conrad Crane diz que Power ficou sentado na cabine, desenhando tudo que via:

> [Power] observou: "O ar estava tão cheio de explosivos que seria impossível andar pela área." Às 2h37, a maior área visível do incêndio tinha cerca de 40 quarteirões de comprimento e 15 de largura. A fumaça alcançava 7.500 metros.
>
> Quando ele termina seu último desenho, cerca de uma hora depois [...] do primeiro, há basicamente um monte de áreas separadas, entre 50 e 1.000 quarteirões da cidade, queimando ao mesmo tempo. E em seu último relatório lê-se que o brilho do fogo era visível a 240 quilômetros de distância.

Depois da guerra, a Inspeção de Bombardeio Estratégico dos Estados Unidos concluiu o seguinte: "É provável que mais pessoas tenham perdido a vida no incêndio de Tóquio durante um período de seis horas do que em qualquer intervalo de tempo na história da humanidade." Pelo menos 100 mil pessoas morreram naquela noite. Os tripulantes que participaram da missão voltaram abalados.

Como o aviador David Braden contou: "Francamente, quando aquelas cidades estavam pegando fogo, parecia que você estava olhando para a boca do inferno. Quer dizer, é impossível imaginar um incêndio daquele tamanho."

Conrad Crane acrescentou: "Eles estavam a 1.500 metros, muito baixo. Baixo o suficiente para o cheiro de carne queimada chegar aos aviões. Tiveram que fumigar as aeronaves depois que aterrissaram nas Marianas, porque o cheiro de carne queimada ficou entranhado."

Na noite seguinte, de volta a Guam, LeMay foi acordado por volta da meia-noite. As fotos aéreas tiradas durante o ataque estavam prontas. Conforme a notícia correu, as pessoas levantaram correndo da cama. Elas pegaram seus jipes para ir até lá, até a sala estar lotada. LeMay, ainda de pijama, dispôs as fotos em uma mesa grande sob luz forte. Houve um momento de silêncio e choque. St. Clair McKelway estava lá com todo mundo e se lembra de LeMay apontar para a vasta área arrasada. "Tudo isso aqui acabou", disse ele. "Isso acabou... isso... isso... isso."

O general Lauris Norstad parou ao lado dele e disse: "Tudo virou cinzas – tudo isso, e isso, e isso."*

---

* Apesar da perda incalculável de vidas, não existe no Japão nenhum monumento sancionado pelo governo em lembrança do ataque de 9 de março. Os sobreviventes daquela noite, que se autodenominam "ativistas da memória", lutaram para manter viva a lembrança do ataque contra Tóquio apesar da apatia política e da opinião pública em geral. Com o tempo, eles angariaram fundos para o próprio memorial – o Tōkyō Daikūshū Sensai Shiryō Sentā (Centro sobre os ataques e danos de guerra contra Tóquio). Em seu documentário *Paper City*, o diretor Adrian Francis entrevista sobreviventes do bombardeio incendiário de Tóquio de 1945 para preservar suas histórias e sua luta pela lembrança.

CAPÍTULO NOVE

"Destruição improvisada"

1.

Após o bombardeio incendiário de Tóquio em março de 1945, Curtis LeMay e o 21º Comando de Bombardeiros atacaram o restante do Japão como animais selvagens. Osaka. Kure. Kobe. Nishinomiya. LeMay queimou 68,9% de Okayama, 85% de Tokushima, 99% de Toyama – 67 cidades japonesas ao longo de metade de um ano. No caos da guerra, é impossível dizer quantas pessoas foram mortas – talvez meio milhão. Talvez um milhão. No dia 6 de agosto, o *Enola Gay*, um B-29 especialmente adaptado, saiu das Marianas para Hiroshima e lançou a primeira bomba atômica da história. Mesmo assim, LeMay seguiu em frente. Em sua biografia, os ataques nucleares não ocupam mais de duas páginas. Eram o trabalho de outra pessoa.

> Nossos B-29s seguiram para Yawata no dia 8 de agosto e queimaram 21% da cidade, e no mesmo dia outros B-29s foram para Fukuyama e queimaram 73,3%. Mas não houve folga quando a segunda bomba nuclear explodiu em Nagasaki no dia 9 de agosto. Nós continuamos voando. Fomos para Kumagaya em 14 de agosto [...] 45% dessa cidade. A última missão foi nesse mesmo dia, contra [Isesaki], onde

queimamos 17% do alvo. Então as tripulações voltaram para casa nas Marianas e foram informadas de que o Japão havia se rendido.

LeMay sempre disse que as bombas atômicas foram supérfluas. O grosso do trabalho já tinha sido feito.

2.

Há uma história que LeMay adorava contar sobre sua campanha de bombardeios incendiários. Ela aparece em sua biografia e em entrevistas que ele deu após a aposentadoria. E toda vez ele contava a história do mesmo jeito – as frases, a ordem dos detalhes –, como se fizesse parte do seu repertório. Ela envolve um colega general chamado Joseph Stilwell.

Stilwell era comandante de operações dos Estados Unidos no bloco formado por China-Birmânia-Índia. Ele era uma geração mais velho que LeMay. Um homem tradicional do Exército, formado em West Point. Seu apelido era Joe Azedo. Ele era perspicaz e temperamental. Na sua mesa, havia uma placa com uma inscrição em latim de mentira – *Illegitimi non carborundum*: "Não deixe os desgraçados passarem por cima de você." É claro que LeMay queria conhecer Stilwell, então fez uma visita de cortesia a ele.

Segundo LeMay:

> Fui a Nova Déli para visitá-lo. Ele estava na floresta, em algum canto. Bem, eu não ia atrás de ninguém no mato. Deixei um cartão, falei com o ajudante de ordens e voltei para casa.

Uma forma muito típica de LeMay de começar a história: um pouco agressivo. *Eu não ia atrás de ninguém no mato.* Ele tentou de novo e, pouco depois, encontrou Stilwell na base de apoio na China, em Chengdu. LeMay queria mostrar ao comandante de operações o que o 20º Comando de Bombardeiros estava aprontando.

> Nós fomos juntos observar a missão partir, depois jantamos e passei a noite toda conversando com ele, tentando explicar como funcionava o bombardeio estratégico, o que estávamos tentando fazer, como agíamos e assim por diante. Não consegui chegar a lugar nenhum. Simplesmente não consegui chegar a lugar nenhum.

Em outras palavras, LeMay não se fez entender.

Lá estavam eles, dois generais prestigiosos, jantando e bebendo no meio da China. E LeMay tentava explicar ao colega o que estava fazendo, o que queria fazer, o que achava que poderia ser conquistado com esse avião novo maravilhoso chamado B-29. Ele tentava transmitir a ideia de que o poder aéreo não precisava ser usado especificamente para apoiar tropas em terra – que havia outras opções. Que as aeronaves podiam sobrevoar fronts de batalha e atacar por trás das linhas do inimigo. Que poderiam destruir fábricas, usinas de energia e cidades inteiras se quisessem.

Será que ele falou sobre napalm? Deve ter falado. O trabalho com as réplicas de construções japonesas no deserto de Utah era digno de nota. E LeMay já havia usado napalm pelo menos uma vez, em uma de suas missões de bombardeio contra o Japão. Então talvez ele tenha ido além e dito para Stilwell: *Sabe de uma coisa, a gente pode tacar fogo em toda aquela porcaria de país.*

E Stilwell – o suprassumo da mente militar sagaz, experiente e rabugenta na Segunda Guerra Mundial – não fazia a menor ideia de sobre o que LeMay estava falando. O que isso tudo significava? Era possível travar uma guerra inteira do céu?

Um ano se passa. O Japão se rende e os dois homens se encontram de novo.

> E eu só fui encontrar com ele de novo no *Missouri*, em Yokohama. Ele foi para a rendição. E, quando chegamos a Yokohama – era uma cidade com 4,5 milhões de habitantes na época, acho –, não vi nem 100 japas por lá. Imagino que devia ter mais do que isso por ali, mas eles ficaram escondidos.

LeMay havia atacado Yokohama em maio de 1945, dois meses depois de Tóquio. Mais de 450 B-29s lançaram 2.570 toneladas de napalm, reduzindo metade da cidade a cinzas e matando dezenas de milhares. Dois dias depois do encontro no dia de rendição em Yokohama, os dois generais se viram de novo em Guam. Como LeMay contaria depois:

> [Stilwell] veio me visitar e falou: "LeMay, eu queria lhe dizer que finalmente entendi o que você me explicou. E só me dei conta quando vi Yokohama."

Por que, naquela primeira conversa na China, Stilwell não entendeu o que LeMay pretendia? Não é como se ele fosse uma pessoa muito sensível. Ao caminhar entre os destroços de Yokohama, Stilwell ficou encantado. Ele escreveu o seguinte em seu diário: "Que prazer olhar para aqueles desgraçados arrogantes, feios, com cara de lua, dentuços e de pernas tortas e saber que foram colocados no seu devido lugar. Muitos soldados recém-

-desmobilizados na região. A maioria bate continência. Em geral, as pessoas estão apáticas. Nós admiramos a destruição e voltamos às 15 horas, nos sentindo ótimos."

Stilwell era esse tipo de homem. Mas ele precisou ver com os próprios olhos a destruição que o poder aéreo *efetivamente* causou a Yokohama para entender LeMay, porque aquilo que foi explicado na conversa na China não era concebível pela imaginação do velho general. Em West Point, ele aprendeu que soldados enfrentavam soldados e tropas enfrentavam tropas. Um soldado da sua geração demorava a entender que, na condição de oficial do Exército dos Estados Unidos, você podia fazer *aquilo* se quisesse: era possível destruir cidades inteiras. E continuar destruindo. Uma atrás da outra.

O secretário de Guerra de Roosevelt, Henry Stimson, reagiu da mesma maneira. Stimson foi responsável, mais do que qualquer um, pelo impressionante maquinário de guerra que os Estados Unidos construíram durante os anos iniciais da Segunda Guerra Mundial. Ele era uma lenda, o mais velho dos estadistas, um aristocrata, o adulto responsável na sala durante qualquer discussão sobre estratégia ou tática militar. Mas parecia estranhamente ignorante quanto ao que seu próprio poder aéreo vinha fazendo.

O general Hap Arnold, comandante da Força Aérea do Exército, certa vez disse a ele, sem titubear, que LeMay estava tentando evitar ao máximo as baixas entre civis japoneses. E Stimson acreditou. Foi só quando LeMay lançou o bombardeio incendiário contra Tóquio pela segunda vez, no fim de maio, que ele se declarou chocado com os acontecimentos no Japão. Chocado? Isso aconteceu dois meses e meio depois de LeMay incinerar 40 quilômetros quadrados de Tóquio na primeira vez.

Os historiadores sempre tiveram dificuldade para entender a ignorância de Stimson.* O historiador militar Ronald Schaffer escreve em seu livro, *Wings of Judgment* (Asas do julgamento):

> Seria possível que o secretário de Guerra soubesse menos sobre o bombardeio de Tóquio do dia 10 de março do que um leitor do *The New York Times*? Por que ele aceitou a declaração de Arnold de que estavam tentando limitar o impacto dos bombardeios sobre os civis japoneses? Ele estava indicando que não queria ser informado sobre as ações da Força Aérea americana contra os civis inimigos?

Eu me pergunto se a explicação para a cegueira de Stimson não seria a mesma para a de Stilwell. Os atos de LeMay naquele verão simplesmente estavam fora dos limites de sua imaginação.

Quando falamos sobre o fim da guerra contra o Japão, tendemos a mencionar as bombas atômicas lançadas sobre Nagasaki e Hiroshima em agosto de 1945. O uso de armas nucleares contra o Japão exigiu um planejamento sério e muita reflexão. Foi um assunto incansavelmente debatido e questionado nos níveis mais altos de comando. *Devemos usar a bomba? Se sim, onde? Uma vez? Duas vezes? Nós estabeleceremos um precedente perigoso?* O presidente Truman, que ocupou o cargo após a morte de Roosevelt, na primavera de 1945, era aconselhado por um painel de especia-

---

* Stimson deixou para trás um legado complicado. Em textos particulares, ele expressa preocupação pela potencial morte de civis e é contra a destruição de centros culturais como Kyoto. Porém, como historiadores observaram, as ilusões dele sobre a campanha de bombardeios incendiários parece imperdoável, se não pouco plausível. No front oriental, após um relatório especialmente negativo da Associated Press que mencionava os planos de comandantes americanos para conduzir "um bombardeio terrorista e proposital contra grandes centros de população alemã como um recurso cruel para acelerar a ruína de Hitler", Stimson tentou melhorar a narrativa: "Nossa política nunca foi infligir bombardeios terroristas contra populações civis."

listas militares e científicos, refletindo sobre a decisão com muita antecedência. Ele não conseguia dormir pensando nisso. Vagava pelos corredores da Casa Branca.* Porém a campanha de bombardeios incendiários de LeMay prosseguiu sem tais reflexões. Não havia um plano formal por trás da sua matança de verão, nenhuma orientação específica vinda de seus próprios superiores. Tanto que os estrategistas em Washington, quando cogitaram a missão contra os japoneses usando as bombas incendiárias, planejavam atingir seis cidades, não 67. Em julho, LeMay já bombardeava pequenas cidades japonesas que não tinham qualquer indústria estrategicamente importante – apenas pessoas, vivendo em barris de pólvora. O historiador William Ralph chama a campanha de bombardeio de verão de LeMay de "destruição improvisada":

> É surpreendente que uma campanha tão letal tenha partido do comandante de campo. Como foi permitido que isso acontecesse dessa maneira? Como uma decisão carregada com tantas consequências éticas e políticas foi entregue a um jovem comandante de campo? Onde estava a responsabilidade pessoal e o envolvimento ativo dos superiores?

Só que os superiores, pessoas como Stimson e Stilwell, não eram capazes de entender o que LeMay estava fazendo – ou não estavam dispostos a isso. Eles tiveram dificuldade não ape-

---

* Em seu diário, no dia 25 de julho de 1945, Truman escreveu: "Nós descobrimos a bomba mais terrível da história do mundo. Essa arma deve ser usada contra o Japão entre hoje e 10 de agosto. Informei ao secretário de Guerra, o Sr. Stimson, que ela deve ser usada apenas contra alvos militares, soldados e marinheiros, não contra mulheres e crianças. Mesmo que os japas sejam selvagens, desumanos, cruéis e fanáticos, nós, como líderes do mundo para o bem comum, não podemos lançar essa bomba terrível sobre a antiga ou a nova capital."

nas para entender a *escala* de destruição que LeMay planejou e infligiu sobre o Japão naquele verão, mas também sua audácia. Um homem, lá nas Marianas, se apaixona pelo napalm, bola uma solução improvisada para lidar com o tempo ruim. E simplesmente não para mais.

3.

A invasão do Japão por terra – tão temida por militares japoneses e americanos – nunca precisou sair do papel. Em agosto de 1945, o Japão se rendeu. Esse era exatamente o resultado pelo qual LeMay torcia naquela noite de março quando enviou sua primeira armada de B-29s para Tóquio. Ele se sentou no seu carro com St. Claire McKelway e disse: "Se o ataque funcionar como imagino, conseguiremos encurtar a guerra." Você trava uma batalha da forma mais feroz e brutal possível e, como recompensa, ganha uma guerra mais curta.

O historiador Conrad Crane me contou:

> Na verdade, dei uma palestra em Tóquio sobre o bombardeio incendiário da cidade para uma plateia japonesa e, no fim da apresentação, um dos historiadores japoneses mais velhos se levantou e disse: "No fim das contas, precisamos agradecer a vocês, americanos, pelas bombas incendiárias e pelas bombas atômicas."
>
> Isso meio que me deixou chocado. E então ele me explicou: "Nós teríamos nos rendido com o tempo, mas o impacto da campanha de bombardeiros incendiários pesados e da bomba atômica fez com que nos rendêssemos em agosto."

Em outras palavras, esse historiador japonês acreditava que, sem bombas incendiárias e atômicas, os japoneses não desistiriam. E se eles não desistissem, então a União Soviética faria uma invasão e depois os Estados Unidos fariam uma invasão, e o Japão teria sido dividido, da mesma forma que a Alemanha e a península coreana foram.

Crane acrescentou:

> A outra coisa que teria acontecido é que milhões de japoneses teriam morrido de fome no inverno. Porque ocorre que, com a rendição em agosto, MacArthur teve tempo de chegar com as forças de ocupação e levar comida para o Japão. Quer dizer, esse foi um dos grandes sucessos de MacArthur: levar uma quantidade enorme de comida para evitar a fome no inverno de 1945.

Crane se refere ao general Douglas MacArthur, o comandante supremo das forças aliadas no Pacífico. Foi ele que aceitou a rendição do imperador japonês.

A abordagem de Curtis LeMay fez com que todo mundo – americanos e japoneses – voltasse para a paz e a prosperidade o mais rápido possível. Em 1964, o governo japonês agraciou LeMay com a maior honraria que o país oferece a estrangeiros, a Ordem de Mérito de Primeira Classe do Grande-Colar do Sol Nascente, em apreço por sua ajuda em reconstruir a Força Aérea japonesa. "Vamos deixar o passado no passado", disse o primeiro-ministro do Japão na época, dispensando as objeções de seus colegas no parlamento japonês. "É natural recompensarmos o general com uma condecoração por sua grande ajuda com nossas Unidades de Defesa Aérea."

Aposentado em algum lugar, Haywood Hansell viu esse anúncio no jornal e tenho certeza de que se perguntou por que não recebeu um prêmio também por seus esforços em travar uma guerra com o menor número de baixas possível entre civis. Porém não damos prêmios para pessoas que fracassam em cumprir suas atribuições, não importa quanto suas intenções tenham sido nobres, não é? Ao vencedor, os louros.

Mas, se foi Curtis LeMay quem venceu a guerra e ganhou os prêmios, por que é a memória de Haywood Hansell que nos emociona? O romântico e idealista Haywood Hansell, que amava Dom Quixote, que se identificava com o cavaleiro iludido que investia contra moinhos de vento. Nós podemos admirar Curtis LeMay, respeitá-lo, tentar compreender suas escolhas. Porém é Hansell que ganha nossos corações. Por quê? Acredito que seja por ele nos oferecer um modelo do que significa ser *ético* no nosso mundo moderno. Nós vivemos numa era em que novas ferramentas, tecnologias e inovações surgem todos os dias. Porém a única maneira de essas novas tecnologias servirem a um propósito maior é um grupo dedicado de adeptos *insistir* que devem ser usadas com esse objetivo específico. Foi isso que a Máfia dos Bombardeiros tentou fazer – enquanto seus elaborados planos se perdiam nas nuvens sobre a Europa e eram soprados para longe nos céus do Japão. Eles persistiram, mesmo diante do desvio inevitável da tecnologia, mesmo quando abandonar seu sonho oferecia um caminho mais rápido para a vitória, mesmo quando Satã lhes oferecia o mundo inteiro em troca de abandonarem sua fé. Sem persistência, princípios não servem de nada. Porque um dia nosso sonho pode se tornar realidade. E se não conseguimos manter esse sonho vivo nesse meio-tempo, quem somos?

Perguntei à historiadora militar Tami Biddle, que leciona na Army War College, o que ela diz aos seus alunos sobre a primavera e o verão de 1945, e sua resposta foi uma história de família: "Minha avó Sadie Davis tinha dois filhos, que lutaram na Segunda

Guerra. Um passou muito tempo no teatro de operações do Pacífico; o outro estava lutando na Europa, mas não tinha pontos suficientes para ser liberado da guerra antes do que teria sido o desembarque em Kyushu."

O desembarque em Kyushu era o plano de invasão do Japão que aconteceria em novembro de 1945. Calculava-se que custaria a vida de mais de meio milhão de soldados americanos, sem mencionar a mesma quantidade de japoneses. Ela continuou:

> Ele estaria naquele desembarque se os americanos não tivessem sido extremamente brutais com a Marinha e o bloqueio, com a guerra aérea contra as cidades japonesas e, no fim, com as armas nucleares.*
>
> Imagino que minha avó estivesse muito preparada para atacarmos com brutalidade naquele momento, porque queria que os filhos voltassem para casa. Muita gente se sentia assim na época da guerra. Depois você olha para a situação como um todo, para a totalidade da coisa, e vê as consequências, as vidas perdidas e a devastação, as fotos de Hiroshima, as fotos das cidades bombardeadas na Alemanha. Você pensa: "Meu Deus, será que havia outro jeito? Será que perdemos a alma? Será que para vencer fizemos uma barganha digna de Fausto, em que a vitória teve um preço moral caro demais?"

---

* George C. Marshall, o comandante do Exército, acreditava que perpetuar a guerra acabaria com o moral. Ele argumentava que o caminho mais rápido para a vitória seria uma invasão anfíbia do Japão. Em contraste, o almirante de frota Ernest J. King, que liderava a Marinha, defendia que uma invasão por terra arriscaria baixas demais. No fim das contas, os planos nunca se concretizaram. O Japão se rendeu antes que o bloqueio da Marinha se estendesse, e a invasão por terra, chamada de operação Downfall, nunca saiu do papel.

Curtis LeMay pendurou as fotos dos bombardeios de Schweinfurt e Regensburg na entrada de casa porque queria lembrar todos os dias quantos soldados perdera durante uma missão que considerava ser inútil. Eu me sentiria melhor sobre LeMay se ele também tivesse pendurado fotos dos resultados das bombas incendiárias em Tóquio – para lembrar todos os dias o que foi perdido naquela que ele acreditava ter sido sua missão mais bem-sucedida.*

Como Biddle explica:

> Essas são perguntas sem resposta. Espero nunca ter que encarar as mesmas circunstâncias que a minha avó, com dois filhos na guerra, precisando torcer pelo tipo de coisa que ela torcia – ataques devastadores contra um inimigo para a guerra finalmente acabar e seus meninos voltarem para casa. Espero nunca passar por isso na minha vida. Tenho certa relutância em julgar as pessoas que se sentiram dessa forma.

---

* No fim das contas, a história provavelmente se lembra mais de Curtis LeMay por uma observação que ele fez em sua biografia, publicada pouco antes de sua aposentadoria, em 1965. Ele falava sobre o Vietnã do Norte: "Nós vamos jogar tantas bombas neles que vão voltar para a Idade da Pedra." Esse comentário foi destacado na cobertura da mídia quando LeMay concorreu a vice-presidente por um partido independente com o segregacionista George Wallace, em 1968. Porém uma biografia de 2009, escrita por Warren Kozack, questiona a veracidade dessa famosa citação. Kozack escreve: "Em sua autobiografia, *Mission with LeMay* (Missão com LeMay), escrita com a ajuda do romancista MacKinlay Kantor, ele forneceu comentários, histórias e ideias, e Kantor juntou tudo em um texto coeso. Os esboços foram enviados a LeMay para serem aprovados antes da publicação. É um livro em que a voz dele é marcante e foi muito bem-feito. Porém há uma citação na página 545 sobre o Vietnã que Kantor inventou: 'Minha solução para o problema seria mandar que baixem a bola e parem com as agressões, ou nós vamos jogar tantas bombas neles que vão voltar para a Idade da Pedra. E faremos isso com o poder aéreo ou naval – não com forças terrestres.' Até hoje, quando o nome de LeMay surge, a maioria das pessoas se lembra dessa citação, perguntando: 'Esse não era o cara que queria bombardear tanto o Vietnã que o país voltaria para a Idade da Pedra?' Bem mais tarde, LeMay admitiu que nunca disse isso. 'Eu só estava [tão] de saco cheio de ficar lendo que deixei passar', explicou para amigos e parentes. Como colocou seu nome no livro, era responsável, mas é provável que a frase tenha colado nele simplesmente por parecer algo que ele diria."

CONCLUSÃO

"De repente, a Air House desapareceria. Puf!"

Enquanto eu estava escrevendo *A Máfia dos Bombardeiros*, passei uma noite na Air House, em Fort Myer, na margem oposta do rio Potomac, em frente a Washington. Essa é a residência oficial do chefe do Estado-Maior da Força Aérea. Falei sobre essa noite no começo do livro. O homem que ocupava o cargo na época, general David Goldfein, me convidou para conversar com um grupo de seus companheiros generais da Força Aérea.

A Air House fica em uma rua ladeada por elegantes casas vitorianas. O presidente do Estado-Maior Conjunto mora nessa rua, e o vice-presidente, que estava conosco, vive na casa vizinha. Do outro lado da rua fica o campo em que os irmãos Wright fizeram sua primeira demonstração aérea para o comando militar. Dentro da casa, em uma parede da sala de jantar, há fotos organizadas cronologicamente de todos que ocuparam o principal posto da Força Aérea desde que ela foi instituída como um ramo diferente das Forças Armadas, em 1947. Passei um bom tempo parado diante dessas imagens, observando todos os nomes e rostos sobre os quais eu lia e ouvia falar. E na primeira fileira, na quinta foto a partir da esquerda, estava Curtis LeMay, olhando emburrado para a câmera.*

Era uma noite quente de verão. Nos sentamos do lado de fora, em cadeiras de madeira – éramos cinco. Os aviões rugiam no céu ao decolarem do aeroporto nacional Reagan. Um aparelho de ar-condicionado gemia. Mosquitos zumbiam ao redor, felizes. E os generais falavam sobre as guerras em que lutaram: Kosovo. Golfo. Afeganistão. Alguns tinham pais que serviram no Vietnã, avôs que serviram na Segunda Guerra Mundial – então tinham conhecimento, um conhecimento íntimo, de como as coisas costumavam ser e como haviam mudado.

Um dos generais contou uma história sobre seu tempo na região oeste do Afeganistão. Ele recebeu uma ligação de um grupo de soldados. Havia ocorrido um ataque.

> Tem um cara em terra falando comigo no rádio, e dá para ouvir as metralhadoras calibre 50 disparando ao seu redor. Ele diz: "Estou cercado em três lados. Estou sob fogo. Tem gente ferida no meu complexo. Nós vamos ser invadidos."

As tropas em terra precisavam de cobertura pelo ar. Porém, se a bomba errasse o alvo por menos de 10 metros, acertaria os soldados americanos. Ele continua: "Então três bombas [são lançadas] a 20 metros desse cara, destruindo três prédios diferentes, mas ele [sobrevive] com a equipe. Essa é a exatidão que a munição guiada com precisão consegue ter."

---

* LeMay assumiu o posto de comandante-geral do Comando Aéreo Estratégico (SAC, na sigla em inglês) em 1948. Como o historiador Richard Kohn observa: "O comando do general LeMay (1948-57), mais do que o de qualquer outra figura, moldou o SAC durante os anos iniciais de sua criação." Em 1961, LeMay cresceu ainda mais quando o presidente Kennedy o nomeou chefe do Estado-Maior da Força Aérea.

Goldfein apontou para as longas fileiras de casas em ambos os lados da Air House. Ele disse que seu pai, que pilotou um caça F-4 no Vietnã, poderia ter lançado seis bombas naquela rua e ter uma certeza razoável de que pelo menos uma ou duas acertariam a Air House. Em contraste, continuou ele, "o filho dele foi para a Guerra do Golfo, e eu podia dar 89% de certeza de que minhas bombas iriam acertar aquele prédio exato".

Porém apenas alguns anos após os Estados Unidos invadirem o Kuwait, o general Goldfein liderava um esquadrão em Kosovo. Ele explicou que, a essa altura, já dava para ter certeza de que seria possível não apenas acertar a Air House, mas uma parte específica da casa.

> Tudo bem, então, vamos voltar para o presente. Hoje, a expectativa é que um jovem piloto consiga acertar o pináculo na base da chaminé. E se não acertar, é considerado um erro. Esse nível de precisão. E uso isso como exemplo porque o alvo é alguém que está dentro daquela sala. E não quero destruir os andares embaixo. Fazemos isso o tempo todo. É esse o nível de precisão que alcançamos.

Nenhum dos generais naquela noite alegou que essa revolução do bombardeio de precisão melhorou ou solucionou as guerras. Ela tem seus problemas. Se o seu alvo for um único homem dentro de uma sala, você precisa ter informações precisas o suficiente para ter certeza de que aquele é o cara certo. E se existe uma forma de acertar um homem dentro de uma sala, então a decisão de atacar se torna fácil demais, não é? Todos eles se preocupavam com esse fato: quanto mais simples e preciso for um bombardeiro, mais tentador é usá-lo, mesmo quando não for necessário.

Ainda assim, pense um pouco. Em 1945, se alguém quisesse atacar a casa para a qual Goldfein apontava, talvez aparecesse com uma armada de bombardeiros e algumas toneladas de napalm e colocasse fogo em tudo num raio de quilômetros – Washington do outro lado do rio; Arlington, na Virgínia, do outro lado da base.

Há um tipo de problema ético que só pode ser solucionado com o uso da consciência e da força de vontade. Problemas desse tipo costumam ser os mais difíceis. Porém há outros cuja solução exige apenas a engenhosidade humana. A genialidade da Máfia dos Bombardeiros era compreender essa diferença, e dizer: *Não precisamos matar inocentes, queimar tudo, para cumprir nossos objetivos militares. Podemos fazer melhor do que isso.* E eles tinham razão.*

Os generais começaram a falar sobre o bombardeiro B-2 – o bombardeiro de tecnologia *stealth* –, o equivalente atual do B-29 de Curtis LeMay. Mas, agora, com o poder de surgir do nada, de ser indetectável.

Um general disse: "Então, em essência, [em] Fort Myer, onde estamos sentados hoje: você pode destruir os 80 alvos que quiser e então, a 12 mil metros de altura, sem ser visto, sem [o bombardeiro] aparecer no radar, esses alvos simplesmente somem." Perguntei se conseguiríamos escutar o avião se aproximando. A resposta dele: "Não. Ele está alto demais. Você não escuta nada."

Nós todos estaríamos sentados em nossas cadeiras de madeira no quintal, e quando olhássemos para cima, de repente, a Air House – ou talvez até mesmo alguma parte específica da Air House – desapareceria. Puf!

Bombardeio de precisão em grande altitude.

Curtis LeMay venceu a batalha. Haywood Hansell venceu a guerra.

---

* No dia 21 de janeiro de 2009, no dia seguinte à sua posse, o presidente Obama assinou um protocolo das Nações Unidas proibindo o uso de armas incendiárias. Enquanto escrevo este livro, o tratado de desarmamento, criado em 1981, já foi assinado por 115 nações.

AGRADECIMENTOS

Esta obra teve um nascimento diferente, porque começou sua vida literária como um audiolivro que só depois foi impresso. A maioria dos trabalhos tem a trajetória oposta. Então agradeço primeiro à equipe da Pushkin Industries, que me ajudou a criar este livro em seu formato original: Brendan Francis Newnam e Jasmine Faustino, que cuidam da Pushkin Audiobooks; minha editora, Julia Barton; meus produtores, Jacob Smith e Eloise Lynton; a responsável pela checagem de fatos, Amy Gaines; o compositor Luis Guerra; e os gênios da engenharia de som Flawn Williams e Martín H. Gonzalez. Obrigado também a pesquisadores do passado e do presente, incluindo Camille Baptista, Stephanie Daniel, Beth Johnson e Xiomara Martinez-White – além de Heather Fain, Carly Migliori e Mia Lobel.

A equipe da Little, Brown, que é minha editora desde o começo da minha carreira como escritor, assumiu o trabalho no ponto em que a equipe da Pushkin o deixou. Agradeço às seguintes pessoas na Little, Brown por sua ajuda em transformar esta obra em um livro impresso e digital: Bruce Nichols, Terry Adams, Massey Barner, Pam Brown, Judy Clain, Barbara Clark, Sean Ford, Elizabeth Garriga, Evan Hansen-Bundy, Pat Jalbert--Levine, Gregg Kulick, Miya Kumangai, Laura Mamelok, Asya Muchnick, Mario Pulice, Mary Tondorf-Dick e Craig Young.

E por último, mas não menos importante, tanto o general David L. Goldfein quanto o general Charles Q. Brown Jr., os 21º e 22º chefes do Estado-Maior da Força Aérea, respectivamente, foram imensamente generosos ao me oferecer orientação e acesso aos arquivos da Força Aérea e aos historiadores da Air University. Enquanto eu escrevia este livro, o general Goldfein se aposentou e foi substituído pelo general Brown. Assisti à cerimônia pela internet. Todos, desde o secretário de Defesa ao chefe do Estado-Maior Conjunto dos Estados Unidos, fizeram discursos. No meio de um dos verões mais tumultuados e incertos da história americana recente, a cerimônia de transição foi um modelo de graciosidade, decoro e compostura. A Máfia dos Bombardeiros original ajudou a criar uma das instituições americanas realmente magníficas. Sua influência sobrevive.

NOTAS

As citações das seguintes fontes foram extraídas de entrevistas conduzidas pelo autor:

Tami Biddle
Conrad Crane
David Goldfein
Robert Hershberg
Ken Israel
Richard Kohn
John M. Lewis
Stephen L. McFarland
Richard Muller
Robert Neer
Robert Pape

INTRODUÇÃO: "ISTO NÃO ESTÁ DANDO CERTO. VOCÊ ESTÁ FORA"

"Com potência de... teria que fazer" e **"Os B-29s em Saipan... o primeiro alvo"**: William Keighley, dir., *Target Tokyo* (Culver City, CA: Army Air Forces First Motion Picture Unit, 1945), disponível em https://www.pbs.org/wgbh/americanexperience/features/pacific-target-tokyo/.

"**Eu me pergunto se... estende durante anos**": Sir Arthur Harris, *Bomber Offensive* (Londres: Collins, 1947; Barnsley, Reino Unido: Pen & Sword, 2005), 72–73. Citações se referem à edição da Pen & Sword.

"**Eu perdi o chão... arrasado**" e "**Pilotos velhos... longeee**": Charles Griffith, *The Quest: Haywood Hansell and American Strategic Bombing in World War II* (Montgomery, AL: Air University Press, 1999), 189, 196.

"**General... tiram a foto**" e "**Onde eu fico?**": St. Clair McKelway, "A Reporter with the B-29s: III—The Cigar, the Three Wings, and the Low-Level Attacks", *The New Yorker*, 23 de junho de 1945, 36.

CAPÍTULO UM: "O SR. NORDEN GOSTAVA DE PASSAR SEU TEMPO NA OFICINA"

"**O Sr. Norden... 18 horas seguidas**": Albert L. Pardini, *The Legendary Norden Bombsight* (Atglen, PA: Schiffer Publishing, 1999), 51.

"**era um leitor ávido... a vida simples**": Stephen L. McFarland, *America's Pursuit of Precision Bombing, 1910–1945* (Washington, DC: Smithsonian Institution Press, 1995), 52.

"**Nas mãos de... um assassino**": Robert Jackson, *Britain's Greatest Aircraft* (Barnsley, Reino Unido: Pen & Sword, 2007), 2.

"**Um camarada... se metido**": Donald Wilson, entrevista conduzida por Hugh Ahmann para o United States Air Force Oral

History Program, Carmel, CA, dezembro de 1975, Donald Wilson Papers, George C. Marshall Foundation, Lexington, VA.

"**Então, de repente... 'Eu tenho um sonho'**" e "**Eu tive um sonho... estabelecer a paz**": Donald Wilson, *Wooing Peponi: My Odyssey Through Many Years* (Monterey, CA: Angel Press, 1973), 237.

"**Um desses pode... sua mira Norden**" e "**Agora veja... mesma direção**": *Principles of Operation of the Norden Bombsight*, filme de treinamento da Força Aérea dos Estados Unidos nº 23251, disponível em https://youtu.be/143vi97a4tY.

"**Eu juro solenemente... própria vida**": *Bombs Away*, anuário da escola de treinamento de oficiais bombardeiros, classe de 1944-46, Victorville Army Air Field, Victorville, CA, 16, disponível em http://www.militarymuseum.org/Victorville%20AAF%2044-6.pdf.

CAPÍTULO DOIS: "CRIAMOS O PROGRESSO SEM NOS IMPORTAR COM A TRADIÇÃO"

Para informações sobre o movimento feminista da década de 1970, consulte Jill Lepore, *Estas verdades: a história da formação dos Estados Unidos* (Rio de Janeiro: Intrínseca, 2020).

"**é incapaz, por conta própria... no futuro**" e "**Para alcançarmos... outras unidades de combate**": General John J. Pershing para o general Charles T. Menoher, 12 de janeiro de 1920, citado em *Report of the Director of Air Service to the Secretary of War* (Washington, DC: Government Printing Office, 1920), 11.

"**Nós éramos muito... restante da Marinha**" e "**Ninguém parecia... que dávamos**": Harold George, entrevista para o United States Air Force Oral History Program, 23 de outubro de 1970, Clark Special Collections Branch, McDermott Library, Academia da Força Aérea dos Estados Unidos, Colorado Springs, CO.

"**Tenho quase certeza... que a gente continuasse**" e "**Agora, quando começamos... industrial no Nordeste**": Donald Wilson, entrevista conduzida por Hugh Ahmann para o United States Air Force Oral History Program, dezembro de 1975, Donald Wilson Papers, George C. Marshall Foundation, Lexington, VA.

"**É um lugar tranquilo... seu lar**": Carl H. Builder, *The Masks of War: American Military Styles in Strategy and Analysis* (Baltimore, MD: Johns Hopkins University Press, 1989), 34.

"**Voltei para casa... juntar tetraedros**" e "**Quando você se mete com tecnologia... o problema maior**": Walter Netsch, entrevista conduzida por Betty J. Blum para o Chicago Architects Oral History Project, maio-junho de 1995, Ernest R. Graham Study Center for Architectural Drawings, Art Institute of Chicago, 140, disponível em https://digital-libraries.artic.edu/digital/collection/caohp/id/18929.

"**Então está claro... energia externas!**": Phil Haun, ed., *Lectures of the Air Corps Tactical School and American Strategic Bombing in World War II* (Lexington, KY: University Press of Kentucky, 2019), Google Livros.

CAPÍTULO TRÊS: "DE FATO, FALTAVA A ELE A CONEXÃO DA SOLIDARIEDADE HUMANA"

As citações de Ira Eaker neste capítulo, a menos que explicitamente mencionado, saíram de entrevistas com os generais Ira Eaker, Curtis LeMay, James Hodges, James Doolittle, Barney Giles e Edward Timberlake, gravadas em 1964, Air Force Historical Research Agency, Montgomery, AL, disponível em http://airforcehistoryindex.org/data/001/019/301.xml.

"Londres ergue... todas as manhãs": Humphrey Jennings e Harry Watt, dirs., *London Can Take It!* (Londres: GPO Film Unit, Ministério da Informação, 1940), disponível em https://youtu.be/bLgfSDtHFt8.

"Nós costumávamos ir... varrendo vidro": História oral de Elsie Elizabeth Foreman, dezembro de 1999, Imperial War Museums, Londres, disponível em https://www.iwm.org.uk/collections/item/object/80018439.

"Não. Nunca pensei... será a Inglaterra de novo": História oral de Sylvia Joan Clark, junho de 2000, Imperial War Museums, Londres, disponível em https://www.iwm.org.uk/collections/item/object/80019086.

"Perguntei a Harris... dos ingleses": James Parton, *Air Force Spoken Here: General Ira Eaker and the Command of the Air* (Montgomery, AL: Air University Press, 2000), 152–53.

Informações sobre Frederick Lindemann, sua amizade com Churchill e as palestras de C. P. Snow foram apresentadas em um episódio de 2017 do podcast *Revisionist History*, "The

Prime Minister and the Prof" (http://revisionisthistory.com/episodes/15-the-prime-minister-and-the-prof). As citações de C. P. Snow foram tiradas de "Science and Government" (Godkin Lecture Series na Harvard University, 30 de novembro de 1960), WGBH Archives. Para mais informações sobre Churchill e seus gastos com álcool, consulte David Lough, *No More Champagne: Churchill and His Money* (Nova York: Picador, 2015), 240.

Para mais informações sobre o conceito de memória transativa, consulte Daniel M. Wegner, Ralph Erber e Paula Raymond, "Transactive Memory in Close Relationships", *Journal of Personality and Social Psychology* 61, nº 6 (1991): 923-29, disponível em http://citeseerx.ist.psu.edu/viewdoc/download?doi=10.1.1.466.8153&rep=rep1&type=pdf.

"Ele não pensava duas vezes... oponentes profissionais": Frederick Winston Furneaux Smith, conde de Birkenhead, *The Prof in Two Worlds: The Official Life of Professor F. A. Lindemann, Viscount Cherwell* (Londres: Collins, 1961), 116.

"De fato, faltava... relacionamento próximo" e **"Para mim... meus amigos":** Roy Harrod, *The Prof: A Personal Memoir of Lord Cherwell* (Londres: Macmillan, 1959), 72, 73.

"Os nazistas entraram... colher a tempestade": *Defence: World War II; Air Marshal Harris on Bombing Raids,* Reuters, jornal cinematográfico da Paramount no Reino Unido, 1942, disponível em https://youtu.be/fdoUZtCbsW8.

As informações sobre o impacto do bombardeio em Colônia foram tiradas de Max G. Tretheway, "1,046 Bombers but Cologne Lived", *The New York Times,* 2 de junho de 1992, disponível em https://www.nytimes.com/1992/06/02/opinion/IHT-1046-bombers-but-cologne-lived.html.

"**O senhor estava... matar gente: alemães**": Henry Probert, *Bomber Harris: His Life and Times; The Biography of Marshal of the Royal Air Force Sir Arthur Harris, Wartime Chief of Bomber Command* (Londres: Greenhill Books, 2001), 154–55.

"**Bem, é claro que as pessoas... e do nosso**" e "**Nosso objetivo não era... saber o limite?**": Arthur Harris, entrevista conduzida por Mark Andrews, British Forces Broadcasting Service, 1977, Imperial War Museums, Londres, disponível em https://www.iwm.org.uk/collections/item/object/80000925.

CAPÍTULO QUATRO: "O MAIS CONVICTO
DOS ADEPTOS CONVICTOS"

"**Pelo amor de Deus... seu filho**": Charles Griffith, *The Quest: Haywood Hansell and American Strategic Bombing in World War II* (Montgomery, AL: Air University Press, 1999), 34. A cena de Hansell cantando "The Man on the Flying Trapeze" para seus homens é descrita na página 120, e a história sobre o encontro e o namoro com sua esposa pode ser encontrada nas páginas 32–33.

"**Não colocamos... técnicos para solucionar**": Ralph H. Nutter, *With the Possum and the Eagle: The Memoir of a Navigator's War Over Germany and Japan* (Denton, TX: University of North Texas Press, 2005), 216.

"**Em resumo... mais real**": Miguel de Cervantes, *Dom Quixote de La Mancha* (tradução livre), disponível em inglês em https://www.gutenberg.org/files/5921/5921-h/5921-h.htm.

"**A escolha dos alvos... de travar guerras**" e "**Choveu, e... indústria de rolamentos**": Haywood Hansell, palestra na United States Air Force Academy, 19 de abril de 1967, Clark Special Collections Branch, McDermott Library, United States Air Force Academy, Colorado Springs, CO.

As citações da entrevista de 1943 com Curtis LeMay foram retiradas de *First U.S. Raid on Germany*, Reuters, jornal cinematográfico da Pathé no Reino Unido, 1943, disponível em https://youtu.be/YgO6DX_9z0I.

"**As reuniões duraram... único comentário**": Russell E. Dougherty, entrevista conduzida por Alfred F. Hurley, Arlington, VA, 24 de maio de 2004, University of North Texas Library, Denton, TX, disponível em https://digital.library.unt.edu/ark:/67531/metadc306813/.

As citações a seguir foram tiradas de uma entrevista de história oral com Curtis LeMay em março de 1965, Air Force Historical Research Agency, Montgomery, AL, em http://airforcehistoryindex.org/data/001/000/342.xml: "**Era muito evidente... não eram dos melhores**"; "**Não apenas os alvos... lançadas em terra**"; "**Alguma coisa precisava ser feita... nivelar a mira**"; "**Todo mundo... pela artilharia antiaérea**"; "**Creio que seriam necessários... tão ruim**"; e "**Admito certa inquietação... mas deu certo.**"

"**Ele foi o melhor... ele era esse tipo de comandante**": Errol Morris, dir., *The Fog of War: Eleven Lessons from the Life of*

Robert S. McNamara (Nova York: Sony Pictures Classics, 2003).

As citações a seguir foram tiradas de *Reminiscences of Curtis E. LeMay: Oral History*, 1971 (Air Force Academy Project, Columbia Center for Oral History, Columbia University Libraries, Nova York, NY): "**A Força Aérea luta... encontrar o navio de guerra**"; "**Eles acabaram concordando... essa época de propósito**"; e "**Todos se jogaram... machucaram levemente.**"

"**Eu me lembro de observar... fragmentava daquele jeito**": Curtis E. LeMay com MacKinlay Kantor, *Mission with LeMay: My Story* (Nova York: Doubleday, 1965), 150.

"**Amanhecer, 17 de agosto... no coração da Alemanha**" e "**Quando entregamos... enviada até então**": *The Air Force Story: Chapter XIV—Schweinfurt and Regensburg, August 1943*, produzido pelo Departamento da Força Aérea, 1953, disponível em https://youtu.be/dB8C-CagZeU.

CAPÍTULO CINCO: "O GENERAL HANSELL ESTAVA PERPLEXO"

Para mais informações sobre o ataque contra Schweinfurt-Regensburg, consulte Thomas M. Coffey, *Decision Over Schweinfurt: The U.S. 8th Air Force Battle for Daylight Bombing* (Nova York: David McKay, 1977).

As citações de Curtis LeMay neste capítulo, a menos que explicitamente mencionado, foram retiradas de *Reminiscences of Curtis E. LeMay: Oral History*, 1971 (Air Force Academy Project, Columbia Center for Oral History, Columbia University Libraries, Nova York, NY).

"Um retângulo prateado... perda de 100%": Tenente-coronel Beirne Lay Jr., "I Saw Regensburg Destroyed", *Saturday Evening Post*, 6 de novembro de 1943.

"A Luftwaffe de Göring... 400 toneladas de explosivos" e "Após atingir 80 vezes... para casa depressa": *The Air Force Story: Chapter XIV—Schweinfurt and Regensburg, August 1943*, produzido pelo Departamento da Força Aérea, 1953, disponível em https://youtu.be/dB8C-CagZeU.

As informações sobre as condições da fábrica de rolamentos Kugelfischer após o ataque foram retiradas de Thomas M. Coffey, *Decision Over Schweinfurt: The U.S. 8th Air Force Battle for Daylight Bombing* (Nova York: David McKay, 1977), 81.

"não há indícios... essenciais para a guerra": *The United States Strategic Bombing Survey: Summary Report: European War*, 30 de setembro de 1945, 6, disponível em https://www.google.com/books/edition/The_United_States_Strategic_Bombing_Surv/EfEdkyz_D0AC?hl=en&gbpv=1.

"Só existe uma esperança... voarem mais um pouco": Henry King, dir., *Almas em chamas* (Los Angeles: 20th Century Fox, 1949).

"Nós fomos designados... para o esquadrão": National WWII Museum, *George Roberts 306th Bomb Group*, disponível em https://youtu.be/fRO1R7Op1ec.

"Nós decolamos antes... o ponto de mira": Alan Harris, ed., "The 1943 Munster Bombing Raid in the Words of B-17

Pilot Keith E. Harris (1919–1980)", AlHarris.com, disponível em http://www.alharris.com/stories/munster.htm.

A história sobre o navegador que foi ameaçado de ser preso por insubordinação foi retirada de Seth Paridon, "Mission to Munster", National WWII Museum, 20 de novembro de 2017, disponível em https://www.nationalww2museum.org/war/articles/mission-munster; e Ian Hawkins, *Munster: The Way It Was* (Robinson Typographics, 1984), 90.

"O general Hansell estava perplexo": Ralph H. Nutter, *With the Possum and the Eagle: The Memoir of a Navigator's War Over Germany and Japan* (Denton, TX: University of North Texas Press, 2005), 137.

"A ideia de que... algo muito arraigado", "Nós tínhamos certeza... para a salvação", e "Uma das coisas que... isso seria difícil": Leon Festinger, entrevista conduzida pelo Dr. Christopher Evans para a série Brain Science Briefing, 1973, disponível em https://soundcloud.com/user-262473248/a-sixty-minute-interview-with-leon-festinger.

"Imagine que um indivíduo... o que acontece?" e "Quando o... congelado e inexpressivo": Leon Festinger, Henry W. Riecken e Stanley W. Schachter, *When Prophecy Fails: A Social and Psychological Study of a Modern Group That Predicted the Destruction of the World* (Mineápolis: University of Minnesota Press, 1956), 3, 162–63.

"Nem preciso explicar... pontos da virada na guerra": Charles Griffith, *The Quest: Haywood Hansell and American Strategic Bombing in World War II* (Montgomery, AL: Air University Press, 1999), 132.

"**Os ataques à indústria... nosso último suspiro**": Albert Speer, *Inside the Third Reich: Memoirs by Albert Speer* (Nova York: Simon and Schuster, 1997), 286.

CAPÍTULO SEIS: "SERIA SUICÍDIO, RAPAZES, SUICÍDIO"

"**Nosso principal trabalho... às vezes era terrível**": Melvin S. Dalton, entrevista conduzida por Chris Simon para o Veterans History Project, American Folklife Center, Biblioteca do Congresso, 1º de junho de 2003, disponível em https://memory.loc.gov/diglib/vhp/story/loc.natlib.afc2001001.33401/sr0001001.stream.

"**Havia muitas pedras... calor em todo canto**": Vivian Slawinski, entrevista conduzida por Jerri Donohue, Veterans History Project, American Folklife Center, Biblioteca do Congresso, sem data, disponível em https://memory.loc.gov/diglib/vhp/story/loc.natlib.afc2001001.46299/sr0001001.stream.

"**A praia daqui... tínhamos no Havaí**": Carta de Curtis LeMay para Helen LeMay, 5 de fevereiro de 1945, em Benjamin Paul Hegi, *From Wright Field, Ohio, to Hokkaido, Japan: General Curtis E. LeMay's Letters to His Wife Helen, 1941–1945* (Denton, TX: University of North Texas Press, 2015), 319.

As citações de Haywood Hansell e do cadete neste capítulo, a menos que explicitamente mencionado, foram retiradas de Haywood Hansell, palestra na Academia da Força Aérea dos Estados Unidos, 19 de abril de 1967, Clark Special Collections

Branch, McDermott Library, Academia da Força Aérea dos Estados Unidos, Colorado Springs, CO.

"**Fiquem juntos...** *no alvo*": Charles Griffith, *The Quest: Haywood Hansell and American Strategic Bombing in World War II* (Montgomery, AL: Air University Press, 1999), 175.

"**Era extenuante, um inferno... sua rota de voo**": Curtis LeMay e Bill Yenne, *Superfortress: The Boeing B-29 and American Air Power in World War II* (Nova York: McGraw-Hill, 1988), 72.

"**Era um negócio doido... loucura**" e "**Quando eles começaram a sair... ficava exausto**": David Braden, entrevista conduzida por Alfred F. Hurley, Dallas, TX, 4 de fevereiro de 2005, University of North Texas Library, Denton, TX, disponível em https://digital.library.unt.edu/ark:/67531/metadc306702/?q=david%20braden.

"**Escutem, rapazes... suicídio**": 40th Bomb Group Association, "An Ersatz Tokyo Rose Intro", disponível em http://40thbombgroup.org/sound2.html.

"**Prefiro uma pessoa... fica parado**": *Reminiscences of Curtis E. LeMay: Oral History*, 1971 (Air Force Academy Project, Columbia Center for Oral History, Columbia University Libraries, Nova York, NY).

Informações sobre a San Antonio One e outras missões de bombardeio podem ser encontradas em *The Army Air Forces in World War II*, ed. Wesley Frank Craven e James Lea Cate, vol. 5; *The Pacific: Matterhorn to Nagasaki, June 1944 to August 1945* (Washington, DC: Office of Air Force History, 1983), 557, disponível em https://media.defense.gov/2010/Nov/05/2001329890/-1/-1/0/AFD-101105-012.pdf; e

Harry A. Stewart, John E. Power e United States Army Air Forces, "The Long Haul: The Story of the 497th Bomber Group (VH)" (1947). World War Regimental Histories. 106. http://digicom.bpl.lib.me.us/ww_reg_his/106.

"Seis horas depois... você está esperando?": William Keighley, dir., *Target Tokyo* (Culver City, CA: Army Air Forces First Motion Picture Unit, 1945), disponível em https://www.pbs.org/wgbh/americanexperience/features/pacific-target-tokyo/.

As citações do tenente Ed Hiatt foram retiradas de Elaine Donnelly Pieper e John Groom, dirs., *The Jet Stream and Us* (Glasgow: BBC Scotland, 2008).

As informações sobre balões meteorológicos foram retiradas de "Weather Balloons", Birmingham, Alabama, Weather Forecast Office, National Weather Service, disponível em https://www.weather.gov/bmx/kidscorner_weatherballoons.

As informações sobre correntes de jato, ondas de Rossby e Wiley Post foram retiradas de "The Carl-Gustaf Rossby Research Medal", American Meteorological Society, disponível em https://www.ametsoc.org/index.cfm/ams/about-ams/ams-awards-honors/awards/science-and-technology-medals/the-carl-gustaf-rossby-research-medal/; "Post, Wiley Hardeman", National Aviation Hall of Fame, disponível em https://www.nationalaviation.org/our-enshrinees/post-wiley-hardeman/; e Tom Skilling, "Ask Tom Why: Who Coined the Term Jet Stream and When?", *Chicago Tribune*, 23 de setembro de 2011.

"Jesus, cheio do Espírito... tentado pelo diabo" e "O diabo... 'tudo será seu'": Lucas 4:1–2 e Lucas 4:5–7, Bíblia Sagrada.

CAPÍTULO SETE: "ENTÃO, SE VOCÊ ME ADORAR, TUDO SERÁ SEU"

As citações de Hoyt Hottel foram retiradas de Hoyt Hottel, entrevista conduzida por James J. Bohning, Cambridge, MA, novembro-dezembro de 1985, Center for Oral History, Science History Institute, disponível em https://oh.sciencehistory.org/oral-histories/hottel-hoyt-c.

As citações de William von Eggers Doering foram retiradas de William von Eggers Doering, entrevista conduzida por James J. Bohning, Filadélfia, PA, e Cambridge, MA, novembro de 1990 e maio de 1991, Center for Oral History, Science History Institute, disponível em https://oh.sciencehistory.org/oral-histories/doering-william-von-eggers.

As citações de Louis Fieser foram retiradas de Louis F. Fieser, *The Scientific Method: A Personal Account of Unusual Projects in War and in Peace* (Nova York: Reinhold, 1964).

Para mais informações sobre a criação do napalm, consulte Robert M. Neer, *Napalm: An American Biography* (Cambridge, MA: Belknap Press, 2015).

"Após muitos cálculos... de Londres": Charles L. McNichols e Clayton D. Carus, "One Way to Cripple Japan: The Inflammable Cities of Osaka Bay", *Harper's Magazine* 185, nº 1105 (junho de 1942), 33.

Para mais informações sobre os testes em Dugway, consulte Standard Oil Development Company, "Design and Construction of Typical German and Japanese Test Structures at Dugway Proving Ground, Utah" (1943), disponível em https://drive.

google.com/file/d/1eiqYwvJNSY-ZpUsNQozwBISyQv_z4Uzb/view.

Para a análise do NDRC sobre armas incendiárias, consulte o National Defense Research Committee, *Summary Technical Report of Division 11*, vol. 3, *Fire Warfare: Incendiaries and Flame Throwers* (Washington, DC, 1946), disponível em https://www.japanairraids.org/?page_id=1095.

"O principal componente... no alvo.": *M-69 Incendiary Bomb*, boletim de combate do Departamento de Defesa nº 48, PIN 20311, 1945, disponível em https://youtu.be/uPteVZyF4U0.

"Rapazes. Está difícil... estão indo bem" e **"Não concordo... será um fracasso"**: Transcrição da entrevista com o major-general J. B. Montgomery, Los Angeles, CA, 8 de agosto de 1974, Clark Special Collections Branch, McDermott Library, Academia da Força Aérea dos Estados Unidos, Colorado Springs, CO.

"uma exigência urgente com propósitos de planejamento": Charles Griffith, *The Quest: Haywood Hansell and American Strategic Bombing in World War II* (Montgomery, AL: Air University Press, 1999), 182.

"Todos os edifícios importantes... no dia seguinte": William W. Ralph, "Improvised Destruction: Arnold, LeMay, and the Firebombing of Japan", *War in History* 13, nº 4 (2006): 517, doi:10.1177/0968344506069971.

CAPÍTULO OITO: "TUDO VIROU CINZAS – TUDO ISSO, E ISSO, E ISSO"

Muitas das fontes principais citadas neste capítulo e em outros momentos estão disponíveis em Japan Air Raids (https://www.japanairraids.org/), um arquivo histórico bilíngue organizado por David Fedman, professor-assistente de história do Leste Asiático na University em California em Irvine, e Cary Karacas.

"Quantas vezes morremos... nós vamos" e "De repente, no ar lá em cima... atravessando o ar": Curtis E. LeMay com MacKinlay Kantor, *Mission with LeMay: My Story* (Nova York: Doubleday, 1965), 13–14, 351.

"E as pessoas fizeram um som... da baixa altitude" e "Francamente, quando aquelas... incêndio daquele tamanho": David Braden, entrevista conduzida por Alfred F. Hurley, Dallas, TX, 4 de fevereiro de 2005, University of North Texas Library, Denton, TX, disponível em https://digital.library.unt.edu/ark:/67531/metadc306702/?q=david%20braden.

"Já me perguntaram... do general LeMay": Haywood Hansell, palestra na Academia da Força Aérea dos Estados Unidos, 19 de abril de 1967, Clark Special Collections Branch, McDermott Library, United States Air Force Academy, Colorado Springs, CO.

As citações de Curtis LeMay neste capítulo, a menos que explicitamente mencionado, foram retiradas de *Reminiscences of Curtis E. LeMay: Oral History*, 1971 (Air Force Academy Project, Columbia Center for Oral History, Columbia University Libraries, Nova York, NY).

"**Coronel LeMay... pouco preciso**": *First U.S. Raid on Germany*, Reuters, jornal cinematográfico da Pathé no Reino Unido, 1943, disponível em https://youtu.be/YgO6DX_9z0I.

"**Admito certa inquietação... mas deu certo**" e "**A guerra é uma situação... quanto antes**": Entrevista com Curtis LeMay, março de 1965, Air Force Historical Research Agency, Montgomery, AL.

"**Ralph, você provavelmente... mais tranquilo**": Emily Newburger, "Call to Arms", *Harvard Law Today*, 1º de outubro de 2001, disponível em https://today.law.harvard.edu/feature/call-arms/.

As citações de St. Clair McKelway foram retiradas de St. Clair McKelway, "A Reporter with the B-29s: III—The Cigar, the Three Wings, and the Low-Level Attacks", *The New Yorker*, 23 de junho de 1945, 26–39.

"**Fizemos uma missão boa... conta do mercado por um mês inteiro**": Carta de Curtis LeMay para Helen LeMay, 12 de março de 1945, em Benjamin Paul Hegi, *From Wright Field, Ohio, to Hokkaido, Japan: General Curtis E. LeMay's Letters to His Wife Helen, 1941–1945* (Denton, TX: University of North Texas Libraries, 2015), 330.

"**Houve algumas matérias... esse tipo de coisa**": Jane LeMay Lodge, entrevista conduzida por Barbara W. Sommer, San Juan Capistrano, CA, 10 de setembro de 1998, Nebraska State Historical Society, disponível em http://d1vmz9r13e-2j4x.cloudfront.net/nebstudies/0904_0302jane.pdf.

"**a tentação... grandiosidade do resultado**": George Slatyer Barrett, *The Temptation of Christ* (Edimburgo: Macniven & Wallace, 1883), 48.

As informações sobre o impacto do bombardeio de Tóquio no dia 10 de março de 1945 foram retiradas de R. Cargill Hall, ed., *Case Studies in Strategic Bombardment* (Washington, DC: Air Force History and Museums Program, 1998), 319, disponível em https://media.defense.gov/2010/Oct/12/2001330115/-1/-1/0/AFD-101012-036.pdf.

"Não por acaso... 'papel e tapume' inflamáveis": David Fedman, "Mapping Armageddon: The Cartography of Ruin in Occupied Japan", *The Portolan* 92 (primavera de 2015), 16.

"É provável que mais... história da humanidade": United States Strategic Bombing Survey, *A Report on Physical Damage in Japan*, junho de 1947, 95, disponível em https://dl.ndl.go.jp/info:ndljp/pid/8822320.

CAPÍTULO NOVE: "DESTRUIÇÃO IMPROVISADA"

As informações sobre o bombardeio do Japão por LeMay na primavera de 1945 foram retiradas de C. Peter Chen, "Bombing of Tokyo and Other Cities: 19 Feb 1945–10 Aug 1945", World War II Database, disponível em https://ww2db.com/battle_spec.php?battle_id=217.

"Nossos B-29s... o Japão havia se rendido": Curtis E. LeMay com MacKinlay Kantor, *Mission with LeMay: My Story* (Nova York: Doubleday, 1965), 388.

As citações de Curtis LeMay neste capítulo, a menos que explicitamente mencionado, foram retiradas de *Reminiscences of Curtis E. LeMay: Oral History*, 1971 (Air Force Academy

Project, Columbia Center for Oral History, Columbia University Libraries, Nova York, NY).

"**Que prazer... sentindo ótimos**": Diário de J. W. Stilwell, 1º de setembro de 1945, citado em Jon Thares Davidann, *The Limits of Westernization: American and East Asian Intellectuals Create Modernity, 1860–1960* (Nova York: Taylor & Francis, 2019), 208.

"**Seria possível que... os civis inimigos?**": Ronald Schaffer, *Wings of Judgment: American Bombing in World War II* (Oxford, Reino Unido: Oxford University Press, 1985), 180.

"**um bombardeio terrorista... acelerar a ruína de Hitler**" e "**Nossa política... populações civis**": Mark Selden, "A Forgotten Holocaust: US Bombing Strategy, the Destruction of Japanese Cities, and the American Way of War from World War II to Iraq", *Asia-Pacific Journal: Japan Focus* 5, nº 5 (2 de maio de 2007), disponível em https://apjjf.org/-Mark--Selden/2414/article.html.

"**Nós descobrimos... antiga ou a nova capital**": Erik Slavin, "When the President Said Yes to the Bomb: Truman's Diaries Reveal No Hesitation, Some Regret", *Stars and Stripes*, 5 de agosto de 2015.

"**É surpreendente que... dos superiores?**": William W. Ralph, "Improvised Destruction: Arnold, LeMay, and the Firebombing of Japan", *War in History* 13, nº 4 (2006): 517, doi:10.1177/0968344506069971.

"**Vamos deixar o passado... nossas Unidades de Defesa Aérea**": Robert Trumbull, "Honor to LeMay by Japan Stirs Parliament Debate", *The New York Times*, 8 de dezembro de 1964, disponível em https://timesmachine.nytimes.com/timesmachine/1964/12/08/99401959.html?pageNumber=15.

Informações sobre a briga entre George C. Marshall e Ernest J. King foi retirada de Richard B. Frank, "No Recipe for Victory", National WWII Museum, 3 de agosto de 2020, disponível em https://www.nationalww2museum.org/war/articles/victory-in-japan-army-navy-1945.

"**Em sua autobiografia... por parecer algo que ele diria**": Warren Kozak, *LeMay: The Life and Wars of General Curtis LeMay* (Washington, DC: Regnery Publishing, 2009), 341.

Conclusão: "De repente, a Air House desapareceria. Puf!"

Informações sobre o protocolo das Nações Unidas que proíbe armas incendiárias foi retirada de "Protocol III to the Convention on Prohibitions or Restrictions on the Use of Certain Conventional Weapons Which May Be Deemed to Be Excessively Injurious or to Have Indiscriminate Effects" (Protocolo III da Convenção sobre Proibições ou Restrições ao Emprego de Certas Armas Convencionais que Podem Ser Consideradas Excessivamente Lesivas ou Geradoras de Efeitos Indiscriminados), United Nations Office for Disarmament Affairs Treaties Database, disponível em inglês em http://disarmament.un.org/treaties/t/ccwc_p3.

CONHEÇA OUTROS TÍTULOS DO AUTOR

Blink

Por que algumas pessoas são brilhantes ao tomar decisões e outras são incapazes de fazer a escolha certa? Por que algumas são bem-sucedidas ao seguir sua intuição enquanto outras se deixam levar por preconceitos e cometem grandes erros? Como nosso cérebro funciona no trabalho, na sala de aula, na cozinha e na cama?

Baseado em fundamentos científicos, *Blink* é um livro sobre como podemos julgar, decidir e fazer escolhas sem refletir muito a respeito. Para explicar o conceito, Malcolm Gladwell apresenta histórias impressionantes, como o caso do especialista em arte que, num único relance, descobriu que uma escultura comprada por uma fortuna pelo Museu Getty era uma falsificação; o produtor que percebeu todo o potencial de Tom Hanks no instante em que o conheceu; o psicólogo que, só de observar um casal conversar por apenas alguns minutos, consegue rever quanto tempo vai durar aquele relacionamento; entre outras.

Blink revela que, para tomar uma grande decisão, não é necessário processar mais informações ou deliberar por mais tempo, e sim desenvolver a arte de filtrar, a partir de inúmeras variáveis, as poucas informações que realmente importam.

Falando com estranhos

Neste livro, Malcolm Gladwell apresenta uma análise surpreendente da maneira como interagimos com as pessoas que não conhecemos – e questiona por que tantas vezes fazemos julgamentos equivocados em relação a elas.

Existe algo muito errado com as estratégias que usamos para interpretar os outros. Por não sabermos falar com estranhos, abrimos a porta para conflitos e mal-entendidos, às vezes com consequências catastróficas.

Em *Falando com estranhos*, você lerá sobre uma espiã que passou anos nos mais altos níveis do Pentágono sem ser detectada, sobre o homem que derrubou o gestor de fundos Bernie Madoff, sobre o suicídio da poeta Sylvia Plath e várias outras histórias intrigantes.

CONHEÇA OS LIVROS DE MALCOLM GLADWELL

O ponto da virada
Fora de série – Outliers
Davi e Golias
Blink
Falando com estranhos
A máfia dos bombardeiros

Para saber mais sobre os títulos e autores da Editora Sextante,
visite o nosso site e siga as nossas redes sociais.
Além de informações sobre os próximos lançamentos,
você terá acesso a conteúdos exclusivos
e poderá participar de promoções e sorteios.

sextante.com.br